实战型父母

李伟 著

天津出版传媒集团

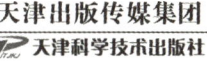

天津科学技术出版社

图书在版编目 (CIP) 数据

实战型父母 / 李伟著 . -- 天津 : 天津科学技术出
版社 , 2024. 6. -- ISBN 978-7-5742-2239-7

Ⅰ . G78

中国国家版本馆 CIP 数据核字第 2024VG2810 号

实战型父母
SHIZHANXING FUMU

责任编辑：杜宇琪

责任印制：兰　毅

出　　版：天津出版传媒集团
　　　　　天津科学技术出版社

地　　址：天津市西康路 35 号

邮　　编：30051

电　　话：(022) 23332400（编辑部）

网　　址：www.tikjcbs.com.cn

发　　行：新华书店经销

印　　刷：运河（唐山）印务有限公司

开本 880×1230　1/32　印张 7.5　字数 180 000

2024 年 7 月第 1 版第 1 次印刷

定价：52.00 元

前　言

　　为什么小升初后孩子的语文成绩会滑坡？小学生学习编程有用吗？如何让孩子愿意与父母聊心事？什么是反向育儿？孩子越夸越优秀吗？孩子嫌父母给自己丢人怎么办？如何引导孩子建立人际交往分寸感？……为人父母，面对孩子成长过程中的点滴，总会被这样那样的问题困扰，时时感到手足无措，也许你会想：依靠老一辈的育儿经验可靠吗？网络上专家的教育观可行吗？

　　也许有人建议"试一试"，但孩子的成长没有第二次，更是不可逆的，根本不允许我们有试错的机会。我们希望孩子拥有一个健康、幸福、快乐的童年，同时也希望父母在教育孩子的过程中不至于慌乱无措，所以特意将孩子成长过程中最常遇到的一些问题集结，为大家编写了这本《实战型父母》。

本书分为五大篇章，分别为学习篇、生活篇、亲子篇、家校篇和社会篇。新一代的青少年，他们有思想，有个性，有自己的世界观，当他们面对问题感到无所适从时，最希望的就是父母永远做他们坚实的后盾。在每个篇章节中，我们将不同个性的孩子、不同类型的问题、不同环境中的解决方案等转换成了一个个日常生活中最常遇到的问题，用"问答"的形式将解决方案提供出来，用最平实、易懂的语言分享给大家。

"学习篇"结合"大语文"教育观、数学思维模式、英语学习黄金方法及校外学习选择等，对新一轮课程改革之后孩子们在学习上面临的问题做出了解答。新课程改革，作为教育领域的一项重大改革，对学生的学习方法、状态及学业发展都会产生影响，"双减"虽然减轻了学生的学习负担，但对现代学生提出了更高的要求，现代教育应着力于培养学生的综合素质和创新能力，注重学生的个性发展和解决问题能力的培养。

"生活篇"则从生活技能、习惯培养、校内困惑及青春期指南四个方面对孩子可能面临的问题做出了解答。对于父母，"养"与"教"同样重要，"养"是"教"的基础，"教"是"养"的意义。现代社会中，在教养子女的问题上，新手父母会变得很局促，哪怕有经验的父母也会很无助，他们这时需要一些指引，而本书就如同指南针，拿在手中便会轻松找到方向。

"亲子篇"的问题多见于亲子关系，也是困扰现代家庭教育常见的问题，此篇章主要内容分为四个章节：如何给孩子创造一个独立的空间，怎样与孩子进行有效沟通，如何做好孩子强大的心理医生，以及现在很多年轻父母所运用的"反向育儿"法到底是什么。亲子关系是一种亲密关系，是孩子的原生家庭是否健康的保障，作为父母应该有与孩子并肩向前的勇气，更多地了解孩子的世界，在他们需要我们的时候，我们能随时回答"我在"。

"家校篇"主要针对家庭教育与学校教育问题，如家庭教育理念的认同，如何协助孩子处理好人际关系，家校沟通等。虽然父母很忙，为人父母不是您生活中的唯一角色，但您却是孩子遇到问题时第一个想到的求助者。现代社会舆论对家校矛盾渲染过重，导致很多父母一遇到需要家校沟通的问题时就会不知所措，本书综合各种角度，预测问题并提供解决方案，供您参考。

"社会篇"是本书对孩子未来的铺陈，预测了"影响孩子一生的养成教育"问题，从人生观、价值观等角度纠正习惯，将孩子必然要接触的"社会问题"拉到面前，及时为他们提供帮助。

这是一本教会您"方法"的好书，"一问一答"之间为您提供了最有效的解决方案，为您节省更多的时间，为家庭教育提供了最强的指导。同时，也希望这本书可以给为人父母的您带去希望，减少您与孩子相处中的矛盾和冲突，也让您能成为孩子眼中的"智慧型父母""无所不能的父母"。对您来说，孩子出现的每个问题都是一种挑战，而我们所希望的，就是让这些挑战变得不那么艰难，让您与孩子变得更亲密，也让孩子成就美好未来。

目 录 CONTENTS

学习篇

生活篇

家校篇

社会篇

学习篇

第一章
解密『大语文』教育观

1 汉语拼音学习真的重要吗？

　　汉语拼音是识字、学习普通话的工具，是帮助孩子们认识更多生字、加快认字步伐的重要手段。我国最早并没有汉语拼音，而是用"直音"或"反切音"来给汉字注音，不过，后来的实践证明，汉语拼音是标注汉字读音最好的方法。但是，很多孩子觉得汉语拼音并不好学，尤其是刚刚入学的孩子会觉得它很抽象。

　　那么，如何才能快速学会汉语拼音呢？在孩子学龄前，除了每天陪孩子读三五遍外，还可以让孩子看一些关于拼音的动画，让孩子对拼音有一定的了解。孩子上一年级后，可以让他先在四线三格中练习拼音字母的写法，每天至少写一遍，这样的话一周左右他便可以掌握拼音字母的写法。接下来，进行拼写练习。我们可以做一些卡片，与孩子一起做游戏，将声母、韵母组合在一起拼读，这种方式可以大大提高孩子的学习兴趣。一段时间后，我们可以找一些带拼音的绘本、故事书，大胆放手让孩子自己去读。

　　告诉孩子，学拼音千万不要着急，只有日积月累才能做到灵活运用。

孩子总写不好字怎么办?

汉字的书写对孩子的要求是很高的，拿笔的力度、书写的姿势、手指控制以及孩子的空间感觉等都会成为影响写字好坏的因素。有些孩子写字握不好笔，落在纸上的线条就会歪歪扭扭；有些孩子书写姿势不正确，造成运笔吃力，字就会显得比例不协调；有些孩子的空间感觉不好，便会出现多一笔少一笔，或者左右、上下颠倒等问题，写好字很困难……

如果想让孩子把字写好，第一步就要先纠正孩子的书写姿势，正确的书写姿势要满足"三个一和六个要"。"三个一"指"一拳""一尺""一寸"，即胸离书桌一拳的距离，眼睛离书本一尺的距离，指尖离笔尖一寸的距离。"六个要"指头部要端正，腰背要挺直，两肩要齐平，两臂要张开，肩部要放松，两脚要平放。

第二步，帮助孩子找准握笔姿势。下面的这个口诀，可以帮助孩子更快找准握笔姿势："老大老二对对齐，手指之间留缝隙，老三下面来帮忙，老四老五往里藏。一抵二压三衬托，指实掌虚腕灵活，角度适宜方向正，笔画轻重细琢磨。"

有了以上两个基础的夯实，加上平时的练习、空间感觉的培养，孩子便会把字写得越来越好啦！

朗读一定要大声吗?

朗读,对于一些孩子来说是享受,而对于另一些孩子来说就是煎熬。课堂上,这些孩子站起来朗读课文,声音像小蚊子似的,还结结巴巴,而且这些孩子大都性格内向、缺乏自信,所以,让孩子变得自信起来,就先让孩子学会大声朗读吧!

开始朗读前要后背挺直,双手托起朗读材料找到最佳视力点,深吸一口气。孩子朗读时,家长可以在一旁作听众,一定要保证孩子的声音是打开的,每个吐字发音都字正腔圆。

大声朗读,对右脑的开发很有利。从本质上来说,大声朗读不仅是读给别人听,更重要的是读给自己听,这是自我欣赏的过程,当文字变成声音时,孩子可以从韵律和情感中体验到美,从而对右脑起到训练作用。右脑是我们的"记忆脑",大声朗读能开发右脑,加强记忆力。

而且,大声朗读对肺健康也能起到促进作用。它与唱歌一样,要采用腹式呼吸法,会增加呼吸量,从而吸入更多的氧气,促进新陈代谢。

4

课后生字词要一遍遍练习吗？

其实，识字的过程就是一个记忆的过程，歌德说："哪里没有兴趣，哪里就没有记忆。"兴趣当然是激发记忆的最强的动力，我们可以通过讲生字的故事、字源识字、字结构识字、猜字谜等办法，让孩子在轻松快乐的状态下又快又准地记住这个字。

但是，孩子在小学阶段，机械记忆是要远远超过意义记忆的，因此对于这类需要大量记忆材料的内容而言，哪怕最初已经形成了记忆，还是需要一遍一遍的练习，当然这个练习也是要讲究方式方法的。

对于一个字，可以通过手、眼、口、脑一起协作记忆，最常用的方法就是书空（手在空中写出这个字）、抄写和听写。心理学家曾经做过研究，适当的练习是有利于记忆的，在已经形成记忆的情况下，再追加一些练习，是防止遗忘加深记忆最好的办法。

掌握了艾宾浩斯遗忘曲线的遗忘规律，就掌握了记忆的密码。人的遗忘规律是先快后慢的，所以要想阻断遗忘，让记忆更长久，在学习了新的字词后，要马上跟着抄写一次，第二天听写一次，第三天抄写一次，第六天再抄写（听写）一次，半个月后再听写（抄写）一次，一个月后再听写一次，如此这般地反复练习即可。

写日记真的对写好作文有帮助吗？

写作文就像是熬一锅八宝粥，不只是要有米，还要有各种各样的豆，而写日记就是攒豆子的过程。

写日记就是将日常生活中的所见所闻、所思所感记录下来，这些都会成为孩子们日后写作文的素材。我们平时可以引导孩子多观察、多思考，当然也要鼓励孩子发表自己的感想。比如在写一件物品时，可以写一写它的形状、色彩、用途等，然后写一写看到它的感受，可以借助语言、动作、心理、神态等描写方法来写出自己的心情。

当然日记也是孩子心灵成长之所，一篇记录过失、错误的日记是孩子自省的过程，是他们对人生、对社会、对生命、对自然的感悟，也是他们对善恶美丑的思考。同时，写日记的过程，也是锻炼孩子语言表达能力的一个过程，你会发现，通过写日记，包括仿写他读过的好词好句充实日记，孩子会不断提升自己的语言表达能力。

6 为什么孩子的作文总是写得像流水账？

"流水账"，顾名思义就是像流水一样记账，每件事没有详略主次，像是"账本"一样，如这样记叙："到了儿童乐园，我先玩了蹦床……我又玩了海盗船……我又玩了过山车……我又玩了迷宫……"这是很多孩子在最初写作文时常犯的错误，孩子会觉得：不是让"我手写我心"吗？那我把今天的事一件件一桩桩记录下来，有什么不合理的呢？其实，这不怪孩子，只能说孩子暂时还没有找到写作文的方法。

作文不是排列句子，也不是把事情按先后顺序"记账"，而是有详有略、有思有感的集合，观察力加上主动思考的大脑，便是战胜"流水账"的法宝。

在培养观察力的时候，一定要给孩子一个明确的目标，比如想让孩子写游乐场，就要告诉他不要将游乐场定为观察目标，而是要将一两个游乐设备定为目标，观察设备的运行，观察设备中人们的状态，以及自己在设备上的感受。这样，孩子便会将全局的"散点"集中到"细节"上。

观察之后的记录也很重要，是唤醒主动思考的大脑的重要途径，我们可以主动引导孩子回忆，让他将记忆最深刻的点，以及那些记忆得不太详细的点都记录下来，这样一篇有详有略的作文就自然形成了！

7 小学阶段要读些什么书？

年级	主题	书名
一年级 （上）	读书 快乐	介绍"阅读的方式和途径"
一年级 （下）	童谣 儿歌	《摇摇船》
		《小刺猬理发》
二年级 （上）	童话 故事	《小鲤鱼跳龙门》
		《"歪脑袋"木头桩》
		《孤独的小螃蟹》
		《小狗的小房子》
		《一只想飞的猫》
二年级 （下）	儿童 故事	《神笔马良》
		《七色花》
		《一起长大的玩具》
		《大头儿子和小头爸爸》
		《愿望的实现》
三年级 （上）	经典 童话	《安徒生童话》
		《稻草人》
		《格林童话》
三年级 （下）	寓言 故事	《中国古代寓言》
		《伊索寓言》
		《克雷洛夫寓言》
四年级 （上）	神话 故事	《中国古代神话》
		《希腊神话故事》
		《北欧神话故事》
		《印第安神话故事》
四年级 （下）	科普 读物	《十万个为什么》（苏联）米·伊林
		《十万个为什么》（中国）
		《穿过地平线》李四光
		《细菌世界历险记》高士其
		《爷爷的爷爷哪里来》贾兰坡
		《森林报》（苏联）比安基
		《地球的故事》房龙

续表

年级	主题	书名
五年级 （上）	民间 故事	《中国民间故事》
		《列那狐的故事》
		《非洲民间故事》
		《小羊倌》（意大利）
		《伊凡王子和灰狼》（俄罗斯）
五年级 （下）	古典 名著	《西游记》
		《三国演义》
		《水浒传》
		《红楼梦》
六年级 （上）	儿童 小说	《童年》
		《小英雄雨来》
		《爱的教育》
六年级 （下）	世界 名著	《鲁滨逊漂流记》
		《骑鹅旅行记》
		《汤姆·索亚历险记》
		《爱丽丝漫游奇境》

　　小学生课外读物的选择很关键，不但关系着孩子从书中获取什么样的知识，还关系着他形成怎样的三观。2020 年，教育部基础教育课程教材发展中心首次发布《中小学生阅读指导目录（2020 年版）》，向全国小学、初中、高中三个学段学生推荐300 种图书，家长可以根据孩子的年龄段为孩子选择适合的图书。

　　此外，还可以通过语文课本中的"快乐读书吧"这个栏目去选择图书，每一册书都有"快乐读书吧"，书吧推荐的很多书籍都可以作为必读书目去选择。比如，一年级的《和大人一起读》《读读童谣和儿歌》这两套都为系列书籍，书中为注音文字，配图也很明快，非常适合刚学习拼音的孩子们读。

8 怎样让孩子喜欢上阅读?

当今电子产品的日益普及，对于孩子们来说是一个大考验，如果孩子们在读书之前最先接触到的是"短视频""游戏"等，他们的专注力可能会下降，很难安心阅读。所以，让孩子喜欢上阅读，首先就要让孩子学会合理使用电子产品。

我们可以先为孩子准备适合其年龄阶段，且能激发他们兴趣的书，举个简单的例子，最适合学龄前的孩子的书就是绘本，但孩子上一年级后就要改读拼音读本，因为这时绘本无法满足他们的阅读需求。

培养兴趣氛围很重要，我们可以给孩子布置一个"小书房"，给阅读以仪式感，然后定期在家里举行小型阅读分享会。国家图书馆少年儿童馆前馆长王志庚说过："家长在孩子阅读方面要做好三个角色，即读书人、朗读者，对话者和提问者。"如果爸爸妈妈有时间，也可以选择自己喜欢的书，与孩子一起来分享。分享形式有很多种，比如讲故事、朗诵、表演等都很不错。

9 古诗文对语文学习重要吗?

孩子在幼年时期的记忆力非常强大,这是因为他们还没有接触过太多的信息,所以脑中的"记忆空间"还有很多,此时,哪怕我们看起来很难记的古诗文他们记起来也很容易。

当然,此时的孩子的记忆还是机械记忆,但当这种机械记忆随着年龄的增长转化为意义记忆时,那些古诗文就能像内存一样被调用,孩子就会有"恍然大悟"的感觉,并产生很强的成就感。可以让孩子参加"诗词大会"之类的集体活动,也可以在家里办一场小小的"飞花令"比赛,这种活动型的读诗词方法会大大增加孩子的兴趣。

古诗文对语文的学习也有很重要的作用,比如很多孩子在写作文时常常"词穷",找不到好的素材,但如果他有大量古诗文的积累,自然就会出口成章。你看视频公众号"语文山水"中的孩子,一出口就是诗词,满满的中国语言魅力,这是多么让人羡慕的事呀!

最重要的是,古诗文或优美,或含哲理性,对孩子的人生观、价值观、审美观的形成是很有助益的。小学阶段古诗文是语文学习的重要组成部分,是全面提高语文核心素养的关键,孩子的文化底蕴就是在古诗文的学习中慢慢积累而成的。

10 如何找到阅读题的解题密码？

如果阅读题有解题密码，那一定是学会"找答案"。答案在哪里？就在每篇文段中。问题就像一把大锁，而钥匙就是文段中相关联的句子，句子中的那个关键词就是钥匙上的齿纹。现在阅读题答题技巧极多，但唯一遗漏的就是对阅读文段的理解。阅读题本来就是考查孩子语文素养的一类题目，因此我们要让孩子学会抓关键字、词、句，并对这些重点进行理解分析，它们之中就含着最全面的解题密码。

小学阶段，要让孩子学会"从原文找答案"，对于一些可以直接提取信息的段落要直接引用，一些无法直接提取信息的段落要学会筛选利用。这个过程中，对文段的阅读很重要，了解基本大意是前提，针对题干再细读文段才是关键。

中学阶段，对孩子阅读理解的考查会更多，所以读懂题干要求、答题方法的应用、写作特点的掌握、写作特色的分析就会变得很重要。这就要求孩子们上课一定要将老师讲的"方法""分析"等牢牢记下来，并且能学以致用。切记，阅读题并不是"随便答答"的题目，不可以任意发挥。

11 为什么小升初孩子语文成绩滑坡？

　　孩子从小学升初中，看似年龄并没有太大增长，但学习状态却会有明显的改变。小学生的直观性和机械记忆能力都比较强，小学语文课程中直观理解性的题目占更大的比例，考查记忆的题目比重也相对大一些，比如基础字词、句子变式等。但是到了初中就不一样了，不但要求提升抽象思维能力，还重在考查对知识的运用能力和迁移能力。

　　虽然现在小学也加入了很多考查思维的题目，但与初中相比，还是少很多。一些在小学阶段靠机械记忆取得高分的孩子，到了初中阶段一定会有一个很明显的不适应感，最直观的表现就是成绩下滑。

　　其实，想要更快地适应初中语文的学习，就一定要更多地改进自己的学习方法。自 2022 年版新课标发布后，很多老师的课堂教学模式也有了改变，小学也开始注重对语文思维能力的培养，意在提高孩子的语文核心素养，这样一来孩子便不会再出现小升初语文成绩"分水岭"的问题啦。

12 语文补课有效吗?

对于一些语文不太好的孩子而言,补课当然会起到一定效果,比如家长平时没时间关注孩子学习,补课其实就是找一个人代替自己关注孩子,如果孩子因为缺乏家长关注而语文成绩不好,通过关注自然会向好的方面转变。但对于平时家长就比较关注,语文成绩却一直平平的孩子来说,补课补什么才是最关键的呢?

首先,要补语文的综合素养,也就是说除了补考点之外,还要把文学素养当作重点,比如多读些什么书,怎样读书等。读书可以培养一个人良好的学习态度、意识以及学习的主动性,如果能将这一点补起来,那孩子必然会受益良多。

其次,要补学习方法。很多孩子语文成绩不理想并不是不会写、不会背这么简单,而是学不得法。语文是一个既简单又复杂的学科,简单在于能通过多读、多背、多练习来给自己提分,复杂在于语文思维的培养,就如很多孩子在答完题后会有"我怎么没想到"这样的想法,这个"没想到"其实就是学习过程不得法。

最后,一定要补的就是写作能力。写作是有一定方法的,如详略的安排、文字的表达等。掌握写作方法之后,写作水平的提高也不是朝夕之间就可以见效的,要多思考、多练习。

第二章

数学就是玩转思维密码

13 数学课本上的知识点一定要背吗？

数学的确是以思维为主的学科，但是记忆课本上知识点的背诵也是很有必要的，这些知识点都是数学专家经过多次推理验算而得出的结论，就像是已经做好的饭菜一样，当饿了的时候可以直接吃，我们何乐而不为呢？

当然，记忆的前提一定是理解，老师一定会把知识点为大家推理一番，这些推理都是帮助记忆的，而且推理过程就是母题的解题过程，当然需要着重记忆了！比如，最初孩子们学 1+1=2 时，老师一定会让大家数一数，告诉大家 1+1 为什么会等于 2，这个推理结果出来后，熟记于心，需要的时候就可以直接拿来用。

所以，数学知识点就是解题的金钥匙，既然已经有一把钥匙，为什么不把它握在手中呢？

14
通过游戏让孩子喜欢数学

数学是抽象的，中学之后几乎所有的理科都是抽象的，对于孩子而言，将抽象的问题具象化是产生兴趣的最优解。所以，如果孩子对数学总也产生不了兴趣，那么不妨来试一试思维游戏，这里为大家推荐几种最常见的思维游戏。

第一类，数独游戏。这是很多高考状元、数学天才玩的休闲游戏。在9×9的盘面上，填上几个数字，然后推理出空余格子应该填的数，且不可重复，使填好后的行、列满足相应条件。孩子的推理能力、逻辑思维能力以及对数字的敏感度都可以在游戏中得到锻炼。

第二类，"舒尔特方格"。这也是一种格子游戏，风靡世界，它不仅可以锻炼思维，在提升注意力方面也有很大成效。游戏开始后，在一张方形的卡片上，画上9个、16个或25个方格（根据孩子水平决定），并且在格子中随机填上1～9或1～16或1～25的数字，让孩子按数字的顺序，一边报出数字，一边指示数字所在格子，家长计时，时间越短，注意力水平越高。

其实，除了这两类游戏之外还有很多思维游戏，比如，扑克牌游戏24点、捉七等，还有电脑自带的游戏"扫雷"，都可以锻炼孩子的思维，家长还可以根据孩子的特点自己来设计游戏。总之，孩子在游戏之中是快乐的，孩子的思维也是活跃的。

15 七巧板中的数学奥秘

七巧板真的是一项神奇的发明，孩子可以根据不同的图形形状进行花样拼组。比如可以拼轮船、火车、手枪、长方形、数字等，最后可以拼回正方形放回包装盒。但你知道七巧板里藏着许多数学奥秘吗？

七巧板是由五块等腰直角三角形、一块正方形和一块平行四边形组成的。这些形状的边长和角度各有不同，如果把它们拼在一起，就可以拼出很多几何图形，如正方形、长方形、平行四边形、梯形、三角形等，而且这样便可以将抽象概念具象化，通过拼组来计算它们的面积和周长就会变得更直观。

每个板块上都有很多角，我们还可以用它们拼出其他角。例如，两个直角拼成一个平角，两个锐角拼成一个直角，一个锐角和一个直角拼成一个钝角等。还可以拼出一个比平角还要大的角——优角。

而且，七巧板还具有对称性，单个部件便可以演示对称图形，通过拼一拼各个部件，还可以拼出很多对称图形。拼接研究七巧板，是需要灵活的思维和创造力的，而当研究各种拼接好的图形时，空间想象力也会得到提升，还可以形成数学思维，激发孩子对数学的兴趣和热爱。

16 抽象思维该如何培养呢?

抽象思维是智力的核心成分,抽象思维能力的高低,一方面来自"先天",另一方面便来自"后天"的培养。

抽象思维的培养并不复杂,可以随时将身边的事物当成道具,比如商店招牌、广告牌、街道名、电话号码等,当看到数字时可以让孩子大声读出来;也可以用数数的方式去锻炼,比如排队等餐时,可以数一数一共几个人等餐,大约多久进去一组,什么时间可以等到餐,或者只要见到超过三个的物体就数一数、记一记。

除此之外,归类整理、找东西、排列组合等也是培养抽象思维能力的好方法,比如让孩子自己整理房间,并将物品按类别放好;也可以与孩子做个游戏,让他找一找房间中红色的东西、圆形的东西等,然后用画笔画下来,家长也可以将物品画下来,让孩子去寻找;排列组合更容易培养,比如家长给出顺序,让孩子把碗碟排列好,也可以找出彩笔,让孩子按给出的颜色进行排列等。

总之,孩子的抽象思维能力培养来自身边的小事物,要给孩子充分发挥自己才能的机会,也要给孩子创造想象的空间。

17 "粗心"是个伪命题

当听到一些老师以"这是一个粗心的孩子"来评价学生时，家长也会跟着认为孩子的出错完全是"粗心"造成的，但"粗心"本身就是一个伪命题。

孩子之所以会"粗心"，并不是像我们想象中那样"不认真"，而是可能真的是掌握知识并不牢固。当孩子对知识"一知半解"时，他们就会"想当然"觉得自己是正确的，但实际上他们并没有完全熟练掌握这个知识点。比如，孩子计算题总是出错，你会发现很多孩子出错的原因也不过是位没对齐、九九表背错、进位弄混等，而这些问题都源于他们还没有牢牢掌握这个知识点。

还有一部分孩子，"粗心"完全就是学习态度与学习习惯的问题了，很多孩子"粗心"是因为他们没有认真对待这件事，比如他们写作业时漫不经心、一味求快、草草了之。此外，一些孩子学习习惯不好，边写作业边听音乐，也会增大"出错"的概率，还有的孩子审题不仔细，但这不是因为他们没有认真读题，而是因为他们觉得自己已经理解题意了。

因此，如果孩子"粗心"，就要去找"病因"，不要一味地"伙同"孩子用"粗心"当借口！

18 数学靠大量刷题就可以考高分吗？

在很多年前，学校里盛行"题海战术"，比如一些学校的升学率就完全是刷题"刷"出来的。但是，近些年来人们发现，题海战术只能让孩子越来越疲惫，虽然它可以达到一定的效果，但并不是最好的学习方法。

提高数学成绩，应该重视解题方法的学习。数学思维的养成是最重要的，看到题干，很快就想到解题方法，这说明已经形成了良好的数学思维能力；但看到题干就发懵，这说明数学思维能力较差，解题方法掌握得不够牢固。

再者，如果要刷题也不是不可以，但要刷"母题"，即一种类型的题，也可以理解为专项训练题，熟练完成专项训练题的目的就是将专项知识扎实掌握，这样再去练习综合题，就会感觉很省力。找到"母题"的方法也不难，除了购买一些专业的综合题集之外，还可以将数学课本上的例题集合在一起，做题时，不要只注重结果，可以用"讲一讲母题"的方式让孩子当小老师，将解题思路讲出来。

学习方法、思维能力等都会对数学学习造成影响，所以题也是可以刷的，但最重要的是刷什么。刷母题、刷专项、刷综合才是最正确的刷题方式。

19 奥数对数学学习有帮助吗？

奥数，即奥林匹克数学竞赛。很多人觉得学习奥数就是为了竞赛，不参加竞赛学习便没有意义，而且奥数大部分题目与课本上的知识并无关联。

数学思维是孩子学习过程中形成的一种思维，学习奥数对数学思维能力的提高是很有帮助的，而且它还将很多知识融合，不但能提高孩子的知识融合能力，还能锻炼孩子自主学习和主动思考的能力，很多孩子都是因为发现奥数的神奇而喜欢上了数学。

小学阶段就可以开始接触奥数了。小学奥数并没那么复杂和深奥，主要注重培养学生对数学的兴趣和基本的数学思维能力。对于对数学感兴趣、具有较强学习能力的学生，小学阶段适当接触奥数可以更好提高他们的数学思维能力和解题能力。

不过，初中阶段的奥数内容就相对复杂了，需要较强的数学基础和解题能力。家长可以让孩子参加一些学校组织的奥数培训班或者正规机构的奥数班，当然这只针对那些有一定数学基础并愿意投入时间和精力学习奥数的学生。

只要小学、初中打好基础，那么高中阶段就可以备战奥数竞赛了。这一阶段的奥数除了固定题型的练习外，还是以发散思维能力的提升为主，如果觉得孩子的能力还不错，就可以报名参加，提高竞赛水平。

　　奥数虽然看上去与课本无关联，实际上却是基于课本知识内容的拓展，对课本知识有着融会贯通的作用。家长可以找一些等级的奥数题从小培养孩子的思维能力，也可以让孩子参加一些正规的奥数班级，这样孩子学起来会更省力。简单来说，只要孩子对数学思考有一定的兴趣，就可以鼓励他去学习奥数。

20 为什么一定要背九九乘法表？

九九乘法表分为两种，一种为"大九九"，也就是九九全表；另一种为"小九九"，也就是半个九九表。两千多年前，我们的祖先发现了乘法的规律，并将"九九乘法口诀"总结出来，它是我国古代筹算中进行乘法、除法、开方等运算的基本计算规则。当然孩子在学习乘除计算之前，最好是先将这神奇的"九九表"背熟！

其实，记忆"九九表"的方法有很多，"乘法口诀"像歌谣一样简单好背，还可以将乘法口诀与具体的图像、故事或记忆点联系起来，创造联想帮助记忆。当然，还可以通过口头默念、书写等方式进行记忆，也可以将口诀编成歌曲唱出来，或者两个人互相挑背，这些都是极好的记忆方法。

九九乘法表不只是一个简单的数学运算"辅助"，小时候的学习记忆会成为一种条件反射，不只是提高未来数学运算速度，更可以应用在生活中，哪怕就是简单的购物，九九乘法表也是能起到很大作用的。九九乘法表是古人智慧的结晶，也是古人送给今人最好的礼物。

21 如何培养孩子检查的好习惯？

"再检查一遍"，无论是老师还是家长都常常会这样提醒孩子，但孩子听到这句话时往往会点头答应，然后"装模作样"地检查，而最终的结果却十分离谱。其实，造成这种结果有一个很大的原因，那就是很多孩子不清楚什么是"检查"，也不清楚查什么，他们只是在等"检查"的时间过去。

因此，让孩子检查前要先告诉孩子怎么"查"，可以将检查的方法手把手教给孩子，从头到尾，在草纸上勾出已经检查的题号，重点题目还可以再检查一遍。而且，要让孩子认识到检查的重要性，告诉孩子检查并不是再做一遍题目加重作业负担，而是一种良好的纠错习惯。

想要形成习惯，除了检查作业题之外，在生活中也可以时常检查，比如出门前要检查一下电器是否关闭，钥匙、书包、水杯等是否带好；还可以与孩子一起"复盘"事件，如今天为什么会出现这样的错误呢？今天最令你高兴的事情是什么呀？……

总之，检查是一种技能，孩子并不是天生就会的，培养好习惯，那就要先从教会检查开始！

22 如何提高孩子的计算能力呢?

现在小学数学对孩子的计算能力要求很高，很多孩子的计算能力都有问题，要么"七九五十六"的乘法口诀计算错误，要么"乘算加，加算乘"的运算错误，要么就是"忘了进位，忘了零"的马虎粗心……总之，这都是孩子的计算能力差造成的。想要提高计算能力，可以从以下几个方面进行训练。

第一，掌握基本算法，无论是加减乘除，还是分数、百分数、小数、平方根等都属于数学计算中的基本算法，只有学会并熟练地运用计算方法，才能更快算出答案，提高计算能力。

第二，练习口算。家长可以给孩子从网上下载一些口算题，也可以买一些口算题集等，每日一练，熟能生巧。孩子通过练习口算，会不断提高计算速度及准确性。

第三，掌握速算技巧。速算技巧对学生的计算能力的提升其实是很重要的，比如"1+2+3+4+……+100="这种问题就不能一个数字一个数字地加，那样不但耗费时间，而且容易出错，这就需要学习快乘、快除等技巧了。这种技巧在"奥数"学习中很常见，它就像解题公式一样，遇到问题时使用速算技巧可以提高计算的速度和准确性。

总之，无论哪一种方法都需要孩子去理解并反复练习，所以提高孩子的计算能力并非朝夕之功,还需要勤奋不辍才可以积水成渊。

23
如何训练孩子的数学推理能力？

学好数学最需要具备的就是逻辑推理能力，它是形成数学思维需要具备的一种能力，它主要包括两个部分，一为推理意识，二为推理能力。

培养孩子的推理意识可以从一些事实例子出发。比如，最常见的归类，将苹果、橘子、香蕉和铅笔进行比较，找出不同类的一个；再如，将玩具进行分类，将文具按用途进行分类，分类结束后与孩子一起讨论一下原因，有助于孩子养成有条理的思维习惯，还可以增强其交流能力；再如，让孩子阅读《福尔摩斯推理》《一分钟探案》等漫画……这些都可以培养孩子的推理意识。

但推理能力就需要在实践中不断提升了。想要提高推理能力就要先具备一个强大的基础知识库，比如数学证明题是很考验孩子推理能力的，但如果证明过程中没有基础知识的支持，孩子是无法找到头绪的；其次，具备想象力和识图作图的能力也很重要，比如数学中的应用题，只看文字很难找到解题方法，但通过画图、加辅助线等方法，就可以很快找到思路；最后，还需要具备质疑的能力，学贵有疑，在遇到不解的问题时，要多问几个为什么。

在指导孩子完成学业的过程中，家长应着力激发孩子主动思考的能力。核心目标是使他们不仅掌握解题过程，更要探究问题的实质与规律。通过深度剖析，孩子可以理解为何选用特定方法以及为何此法适用于特定题目。从而，孩子不仅能习得解题技巧，更能构建严密的逻辑思维，确保推理有据可查，避免盲目接受。

家长应激励孩子探索多样化的解题策略。例如，针对某些题目，公式法或许简洁高效，但若孩子能尝试画图法解题，他们将额外掌握一种解题方法。从而，在面对新颖且复杂的题目时，孩子能灵活运用各类方法解答，而非局限于单一思路。这种思维的多样性和灵活性有助于提高孩子解决问题的能力。

鼓励孩子迎接高难度挑战至关重要。简单题目众人皆可解答，真正拉开差距的是难题。家长应积极鼓励孩子思考更高难度的题目，关键是思考过程，而非答案。挑战高难度题目能锻炼逻辑思维能力，这才是我们宝贵的财富。

总之，孩子的逻辑推理能力不只体现在学科中，还可以应用在生活中，它是一种可以伴随孩子一生的能力。

学习篇

第三章

学好英语的黄金方法

24 孩子为什么分不清英文字母和汉语拼音？

汉语拼音使用的是拉丁字母，英语也刚好使用的是拉丁字母，只是英文字母中没有"ü"而汉语拼音中没有"v"。之所以很多孩子像写拼音一样写英文字母，那是因为孩子最初接触的是拼音；若最先接触的是英文字母，那先入为主的便是英文字母了。

所以，一部分孩子看到英文字母"A"时，就会发"啊"的音；一部分孩子看到拼音字母"A"时，就会发"哎"的音。

想要纠正，最简单的办法就是让孩子把两种字母背熟，让他明白不同的语言环境需要不同的发音方式，在大脑中将两种发音各归各的体系，这样发音的概念自然也就清晰了。如果孩子仍会读错，那也不需要太着急，只要及时纠正，用正确的发音不断冲击孩子的大脑，就会慢慢纠正过来。

需要注意的是，千万不要以为孩子分不清两种读音，便先要停一个。孩子接受新知识需要一个过程，而这个过程在不同的个体身上体现的时间长短不同，不要急于求成，也不要轻易打击孩子的学习信心。

25 为什么孩子总不敢开口讲英语？

　　孩子从出生到开口说话大概需要一年的时间，语言学家将这大约一年"听"的过程称为"语言沉默期"，这个"听"的过程是语言在孩子大脑中积累的一个过程，旨在形成潜意识，慢慢唤醒大脑中的语言中枢。

　　孩子不敢讲英语的过程类似于孩子学习母语中的"语言沉默期"，所以学英语"磨耳朵"的过程中，家长也不用过于担心孩子不开口。孩子学习语言是有一个过程的，一般是由"词"到"句"再到"段"，这是孩子生理和认知发展的必经阶段，急是急不来的。

　　学习是需要动机的，所以家长的当务之急是为孩子建立语言学习环境，比如在家中各处贴上"单词贴"，也可以常与孩子用英语进行对话，或者带孩子进入英语环境中生活，除此之外，还可以借助一些英语亲子小游戏来激发孩子的学习兴趣。特别要注意的是，孩子学习语言时最怕的就是"受挫"，所以千万不要用强制性的手段让孩子翻译句段、背诵句段，在纠正孩子发音时也要注意方法，不要打击孩子的自信心。

26

怎么记单词又快又多？

对于孩子来说，记单词是一个既烦琐又困难的过程，随着自然拼读法的普及，简单单词的拼写相对轻松，但复杂点儿的单词背起来就可能会出现困难。这里帮孩子整理了几种背单词的方法，可以选择最适合自己的来用。

1. 关联记忆。将两三个单词组合在一个句子中，甚至可以是中英文混合的句子中，比如：I 今天看到一只 monkey，很 cute。

2. 标注记忆。将单词中的元音用不同颜色的笔标出来，每天利用零散的时间或者晨读、晚读，读几遍。

3. 故事记忆。将 10 个单词编成一个有趣的故事，或者将一个难记忆的单词中的字母编成一个故事，增强趣味性。

4. 分门别类。将单词分类，写在小卡片或者笔记本上，利用零散时间随时记忆。

总之，无论哪一种记忆方法，都会遭遇"遗忘"的挑战，所以在记忆新单词的同时，利用艾宾浩斯遗忘曲线的规律去复习也是十分必要的。

27 孩子总是记不住音标怎么办?

英语中有 48 个音标,虽然孩子通过自然拼读可以读出很多单词,但音标的学习也是十分必要的。音标学习最常用的是顺口溜记忆法,以下是整理好的谐音顺口溜,让孩子背起来吧,既有趣又可以加深记忆。

一,单元音: [i:]、[i]、[ɔ:]、[ɔ]、[u:]、[u]、[ə:]、[ə]、[ɑ:]、[ʌ]、[e]、[æ]

[i:]——谐音为易 (yi); 像数字 1,记忆真容易。

[ɔ:]——谐音为噢 (o); 噢,这个音标就像个 o。

[u:]——谐音为雾 (wu); 杯子上有很多雾。

[ə:]——谐音为饿 (e); 一只鹅饿得晕倒了。

[ɑ:]——谐音为啊 (ɑ); 音标的读音跟拼音一样。

[e]——谐音为夜 (ye); 这只鹅喜欢走夜路。

二,双元音: [ei]、[ai]、[ɔi]、[iə]、[ɛə]、[uə]、[au]、[əu]

[ei]——谐音为妹 (mei); 鹅有一个妹妹。

[ai]——谐音为爱 (ai); 音标的读音跟拼音一样。

[ɔi]——这个音标找不到拼音的谐音,可以按照字母 o、i 的发音连读来进行谐音记忆。

[iə]——谐音和外形都像 12。

[εə]——谐音为挨饿；外形像 3 只鹅；三只鹅都在挨饿。

[uə]——谐音为屋鹅；一屋子的鹅都装在杯子里。

[au]——谐音为傲 (ao)；一个杯子很骄傲，不让人拿它喝水。

[əu]——谐音为鸥 (ou)；一只鹅在杯子里找海鸥。

三，辅音：[θ]、[ð]、[ʃ]、[ʒ]

（注：多数辅音的读音与拼音差别不大，可以通过拼音来进行谐音记忆；还有一部分辅音没有对应的拼音字体，我们的记忆方法主要是针对这四个辅音。）

其中，[θ] 和 [ð] 这两个音标，它们没有近似的拼音来对应，主要靠嘴形来记忆。

[θ]——外形像上下牙齿咬着舌头 ;[ð]——外形则像舌头顶在上下牙齿之间。

而 [ʃ] 和 [ʒ] 这两个音标，则可以找到近似的拼音来作为谐音。

[ʃ]——谐音为嘘 (xu)；嘘，这里有条很长的蛇，赶快保持安静！

[ʒ]——谐音为雨 (yu)；外形像 3。今天下了 3 场大雨。

当然，除了顺口溜，还需要不断地练习和实践，只有这样才能更加熟练地掌握这些音标。

28
如何做好英语听力题练习？

英语听力无非就是孩子对语言"听"的能力，其实，英语听力题可以分三种方法进行练习——泛听、精听、跟读。

"泛听"便是不需要完全听懂，只需要孩子不停地磨耳朵，抓住关键信息，比如看英语原声电影、听英文歌就是不错的磨耳朵方法，在有趣的环境中学习枯燥的语言，是最有效的。

"精听"需要听的就是课本配套音频，这是练习听力题目最直接的方法，一方面可以让我们对课文更加熟悉，另一方面还可以巩固单词学习。大家找到音频后，逐字去听，一句句去听，反复去听，必要时最好可以再进行听写练习。练习听写的材料不需要太长，大约 100 个词即可，每天可以听写两三篇。

"跟读"是练习语音的一种方法，无论是在"泛听"还是在"精听"，都可以通过跟读来纠正自己的读音，提高自己的口语水平。比如，可以去模仿电影台词，这是一种既有趣又实用的口语练习方法。

总之，无论哪种语言学习，都是一个反复练习并实践的过程，所以家长不要太着急，要鼓励孩子勤奋一些，只要能"多听多练"就一定能学好英语的。

29 英语阅读有哪些技巧?

其实,英语阅读是对孩子语法与单词的综合考验,是英语学习最重要的检验方式,在完成英语阅读时,要注意以下两点,保证在有限的时间内最大限度地提高英语阅读的质量。

1. 拿到文段后要先预览文本,将阅读文段中的标题、关键点用线画出来,对阅读文段的整体意思做到大致了解。阅读文段,特别是应试阅读一定要避免逐词阅读,只需要大略看清整个文段意思就可以。

2. 抓住关键词。在把握整个文段意思之后,便可以与问题对接阅读了,此时,最重要的就是抓住关键词,这样可以在最短的时间找到问题的答案。

除此之外,所有的学习是没有技巧可言的,平时提高自己的阅读量才是对英语阅读帮助最大的,可以找一些英语阅读书目,增加阅读量。语言的学习本身就是一次挑战,而勤学多用是语言学习最重要的方法。

30 怎么才能写出一篇优秀的英语作文?

作文考查的是英语的运用,写好英语作文涉及的方面很多,其中,最重要的是语法、词汇、句式、结构等,如果内容再丰富多彩一些,效果便会更好。

首先,语法和拼写一定要掌握一个原则,那就是准确。孩子们在平时练习中,可以运用一些语法检查工具和拼写检查工具来检查,查错纠错的过程便是实践运用的过程。

其次,要注意句子结构,英语行文要注意句子结构的变化,一篇好的作文,绝对不是长句子的堆叠,也不是短句子的拼凑,从句、并列句、复合句等不同类型的句子在一篇作文里要交替出现,这样会让作文变得有节奏感。初次练习英语写作时,可以写一些短小的文段,句子简短一些,错误自然也会少一些,等运用熟练后,再逐步增加文段的长度,由此生发的成就感会让孩子对英语作文产生浓厚的兴趣。

最后,内容才是文章的灵魂。孩子平时可以找一些适合自己年龄段的英语文章,包括新闻、小说、杂志等来阅读,提高自己的英语阅读能力和写作水平。

31 孩子的口语总是不标准怎么办?

"为什么英语发音这么奇怪呢？"令很多家长都感到困惑，确实，有些孩子的英语口语真的是"外国人听不懂，中国人不明白"。其实，造成孩子口语不标准的原因有很多，最主要的有两点：一是孩子最初口语模仿对象的口语不准确；二是孩子没有掌握发音规律，在语言输出时就会导致变音。

口语是可以锻炼的，平时要帮孩子找一些原声动画短片或者电影来观看，让孩子在磨耳朵的同时模仿跟读，如果孩子年龄比较小，注意力保持时间短，那就要找一些 2 ~ 3 分钟一段的，这就类似于给孩子一个语言环境，他的语音、语调等都会得到锻炼。如《哈利·波特》电影就可以作为磨耳朵的电影来观看。

也可以听一些歌曲，有节奏感的声音更容易引起孩子的兴趣，童谣和简单的动画歌曲，大都语速较慢，语音语调也比较清晰，理解难度也不大。《This Little Pig Went to Market》《Twinkle Twinkle Little Star》《The Wheels on the Bus》等都比较适合孩子来唱，也可以给他们找一些流行的歌，如《The Wellerman》就比较上口。

当然，最好能给孩子创造语言环境，词汇使用率高了，发音也会越来越标准。而且，家长也不要太过于追求标准的口语发音，只要孩子发音正确便可以，就如我国形形色色的方言一样，哪怕是以英语为母语的国家口语发音也是不尽相同的。

32

小学阶段英语要达到什么程度？

"兴趣是最好的老师。"小学主要是对学生进行基本的英语听、说、读、写训练，是孩子们打基础的阶段，也是兴趣培养的阶段。

小学英语的学习是一个从简单到复杂、由浅入深的过程。掌握小学英语的基础知识对于后面的英语学习非常重要，孩子的口语交际和语法的学习也是需要从小学阶段开始打基础的。因此，无论是人教新版、人教版 PEP、苏教版还是牛津版、朗文版等，小学英语都是为了帮助孩子打好语音、语调基础，掌握一定的词汇和最基本的语法知识，形成基本的日常会话能力以及拼读、拼写等能力。

以外研版为例：一年级学会基本的英语音标、词汇和简单的日常用语，能够进行简单的对话和简单的阅读理解；二年级进一步扩充词汇量，学习基本的语法规则和句型结构，能够进行简单的书面表达和对话；三年级继续扩充词汇量，加强语法知识的学习，能够进行更加复杂的对话、阅读理解和书面表达；四年级提高阅读和听力能力，能够理解和使用更加复杂的句子结构和语法规则，能够进行更加流畅的对话和书面表达；五年级进一步提高阅读理解和听力能力，能够理解和使用较为复杂的语言，能够进行较为流利的对话和书面表达；六年级巩固和提高语言运用能力，能够理解和使用较为高级的词汇和语法结构，能够进行较为高级的对话、阅读理解和书面表达。

总之，一门语言的学习是循序渐进的过程，更需要多听多练。

33 小学生有必要选择"第二外语"吗？

现代社会对外语的要求已经不只是英语了，作为小学生，在求知欲丰富的阶段学习第二外语是很有好处的。

第一，选择第二外语去学习，可以拓宽孩子的视野，了解不同的文化、风俗和习惯，让他们更好地了解世界。第二，可以提高孩子的学习能力。孩子对语言的学习能力是有无限种可能的，学习第二外语，可以丰富孩子对另一门语言的感知能力，提升其记忆力、逻辑思维能力和注意力。第三，为孩子的未来创造机会。学习第二外语可以拓宽孩子未来的职业道路，提升其职业竞争力。

当然，如果孩子的学习能力和记忆力比较弱，那么最好还是以学校课程为主，否则"第二外语"的学习会让孩子产生记忆混淆。

总之，学习外语是需要持之以恒的毅力和耐心的，这对于小学生来说是一项挑战。

34

如何帮孩子选择合适的"第二外语"?

在为孩子选择"第二外语"时,家长需要参考的内容有很多,比如语种、难易度、未来机会等。

就语种而言,现在除了英语之外,法语、西班牙语及德语等也都是不错的选择,还有一些小语种也可以参考,如日语、韩语等。从难易程度来看,日语、韩语中汉语词汇较多,而且语言风格与汉语相近,所以是最好学的;其次就是西班牙语,对于英语比较好的孩子来说,西班牙语最容易。至于未来机会,这一点还是要根据未来从事的工作及工作地点确定。

西班牙语:尽管西班牙语是全球使用人数第三的语言,但我国的学习者较少。事实上,西班牙语的学习可以对英语学习起到良好的补充作用,两者相辅相成。

法语:法语的重要性仅次于英语,是欧洲乃至全球广泛使用的语言之一。若计划未来留学法国或移民加拿大,法语的学习将极具价值。

德语:德语是全球十大通用语言之一,德国在经济和教育领域实力雄厚。掌握德语意味着打开音乐、哲学、文学等领域的大门。

意大利语:我国对意大利语人才的需求较大,就业前景良好,可供选择的工作种类繁多。对于计划留学意大利的学生,设计、艺术(包括美术和音乐)、建筑、经济等专业方向均有优秀院校可供选择。

日语：日语是亚洲地区最重要的语言之一。我国境内的日企数量较多，尤其在某些地区，日企数量甚至超过了英美企业。尽管学习日语面临激烈竞争，但就业领域依然广泛。

韩语：韩语在亚洲地区使用人数较多。随着韩国企业在中国的增多，学习韩语的人数逐渐上升。此外，韩语发音相对简单，与汉语有诸多相似之处，因此学习韩语也是一个不错的选择。

俄语：作为一门"小语种"，俄语在高考和考研中相较英语具有优势。我国对俄语人才的需求较大，且俄语相关工作的薪资待遇较高。

小学生学习"第二外语"，还是要以兴趣为主，家长可以找一些音频、视频先让孩子了解，让孩子自己去选择，毕竟兴趣才是最好的老师。选择后，一定要告诉孩子："既然选择了，那么就要坚持下去！"孩子在学习过程中一定会遇到瓶颈，到时候还需要家长给予帮助和指导。

总之，选择"第二外语"的目的是让孩子更优秀，持之以恒才是最重要的。

第四章

校外教育合适最重要

35 孩子学的特长越多越好吗?

现在，课外兴趣班、特长班越来越多，孩子学特长的年龄也越来越小，这让很多家长总是处于焦虑的状态，总觉得孩子的特长越多越好。其实，既然叫特长，就不是泛泛而学，也不是越多越好，"精"和"广"本身就是矛盾的两个词。

每种特长，都是需要一定时间去练习才可以发展到"特长"的程度的，也是需要坚持的。在最初选择需要学习的特长时，如果条件允许，可以让孩子多去试学，接触各类特长的学习可以让孩子长见识，最重要的是在这些试学中发现孩子的兴趣点。通过试学，孩子可以找到最感兴趣的一到两个特长，专心去学。

对于特长的选择，家长可以将技术与艺术结合，比如，编程和舞蹈搭配在一起，两种课程一种为技术，一种为艺术，互不干涉，又涵盖全面；再如，乐器和书画搭配在一起，可以培养孩子的艺术气质。但是，无论怎么选择，需要参考孩子的兴趣和承受力，孩子的坚持也是最主要的。

36
如何选择一个适合孩子的兴趣班?

兴趣班的选择一般会参考两个因素：一为孩子的兴趣和天赋，兴趣是最好的老师，有兴趣孩子才会乐学，才能坚持；二为未来规划，家长对孩子未来发展要有一个整体的规划，有目的地引导学习，虽然听起来功利心重了些，但正确的规划、引导对孩子的未来成长是很有帮助的。

以上两者要有机地结合起来，进行正向干预并选择。比如孩子对绘画很感兴趣，家长也觉得绘画可以陶冶情操，对孩子成长有帮助，但孩子却没有绘画天赋，这时就需要家长做出选择了；再比如，家长觉得编程课对孩子的未来有帮助，但孩子对此并没有兴趣，家长也需要做出选择。

因此，家长在选择兴趣班时要分三步走。第一步，先去考察一下兴趣班是否有一套完善的教学体系，看是否有一套完善的教学体系，教学过程中是否存在课程流于表面、隐形推课的现象；第二步，考察专业的师资力量，可以带着孩子去试课，跟孩子一起去听听课，哪怕对课程专业不熟悉，从成年人的角度也可以看出教师的教学方法、姿态等；第三步，考察一下是否有充实的教学内容，有些兴趣班很喜欢教一些很浮夸的东西，如小技巧、小方法等，这种方法"立竿见影"，但专业知识的获取量却很少。

另外，兴趣班大多为一些专业课程，是需要付出长期的努力的。总之，选择需谨慎，选后要坚持。

37

为什么孩子抵触学业补习班？

孩子对于补习班的抵触属于"和尚头上的虱子——明摆着"，本来在学校已经学习了一天，结果下课后还要"加班"补习学业，一点儿自己的时间都没有，有抵触心理是很自然的。

其实，对于大多数孩子而言，如果能在学校将老师教授的知识掌握，下课后需要做的就是练习，是不需要专门补习的；大部分需要补习的孩子都是因为在学校学习效率不高，很多知识并未掌握，不补习就有可能掉队。但是，这些孩子在选择补习班之后，往往也会陷入一个恶性循环：一部分孩子的课上注意力会下降，因为他知道哪怕不听课，课后也会有补习；一部分孩子的自主学习能力越来越差，补习班如哺乳小鸟一样"喂"，看似有了效果，实则在消耗孩子的能力。

当然，选择补习班也是为了查漏补缺，有很多的孩子也在补习班中学到了知识，学到了方法。所以，作为家长，在孩子上补习班之后要勤于观察，多与学校老师沟通，听一听反馈，确认补习班对孩子是否起到正向作用。

38 如何理性看待线上和线下课程?

近年来，很多家长在为孩子选择课外课程时，纠结选择线上课程还是线下课程。其实，将外界那些对线上、线下课程的评价抛在一边，理性看待，选择最适合孩子的才是最重要的。

线下课程指有固定场所、孩子实地参加的课程，它的教室是固定的，时间也是固定的，最大的优点就是师生可以面对面交流，通过语言、手势、表情等互动，教师可以随时掌握孩子的学习动态。

线上课程以网络为媒介，一般分为直播课和视频课，它最大的优点就是对时间和空间的要求不是那么严格，家长报名后可以省去接送孩子的时间，且无论在何地，只要有网，便可以链接上课。其次，它还有一个优点，那就是可以链接各种资源，全球资源都可以共享。

这样看来，如果家长有时间接送孩子，而孩子自制力较差，选择线下课程会更好一点；但如果家长没有时间接送，便可以选择线上课程，现在很多线上课程都有家长伴学功能，家长可以通过监测系统随时掌握孩子的学习情况。而且，从投入教育成本来看，线上课程所需要的费用相对也较低。

39

为什么要常带孩子出去走一走？

古人云"读万卷书，不如行万里路"，这句话更适用于当代，当下是一个见识大于知识的时代。有一些数据表明，经常带孩子出去走一走，孩子往往更优秀。

首先，出去走一走，孩子的眼界会变宽，见识会变广，孩子对事物的认识、对人生的体会也会变得不同。

再者，出去走一走的次数与社交能力也是成正比的。小朋友的社交能力是很重要的，为什么有些孩子性格活泼、人见人爱，而有些孩子内向害羞、唯唯诺诺呢？原因就在社交能力上。常带孩子出去走一走，他对陌生的环境的适应时间会越来越短，面对陌生人的防御心理也会下降，自然他的社交能力就会提升。

出去的时候，拿上手机拍一拍照片、视频，也可以把手机、相机交到孩子手中，让他们去拍一拍，回来后与孩子一起回忆，如"你还记得这儿都有什么吗？""你当时心情怎么样？"；外出时，在确认安全的前提下，让孩子自己去与陌生人打交道，让他们用自己的眼睛去认识这个世界；外出遇到问题时，也多与孩子交流，让他一起来想办法……

总之，有见识的孩子，面对大风大浪时也会波澜不惊。陷于书本，流于想象，不如带孩子走出去，亲身体验一下书本外的美景和人生。

40 高价私教课真的比其他课效果更好吗？

之所以选择高价的私教课，也无非就是那么几种情况：一是孩子成绩一般，底子薄，无法跟上大班节奏；二是孩子有严重偏科现象，一对一补齐速度更快；三是个别科目或者特长需要"拔高"，私教一对一会更专注等。

总而言之，高价私教课的一对一服务，肯定比一对多的服务要好，效果也会更加明显。但是，家长需要注意的是不管哪种情况，选择高价私教课都一定要有两个前提。

第一，家庭条件好。如果你的家庭条件一般，那就不要选择高价私教课，大班是可以满足孩子求学的需求的。

第二，孩子有较强的求学意愿。高价私教课是有针对性的，并不是泛泛而谈，也不是强制孩子去学，孩子的求学意愿强烈，课程才上得有价值。

需要注意的是，"一对一"也有它的缺点，"一对一"的课程有可能让孩子形成依赖，再次进入"一对多"的环境，如学校课堂时，孩子有可能出现专注力差、思维跟不上等现象。

41 孩子总不喜欢练琴怎么办？

特长的学习是需要付出坚持和勤奋的，如果选择学习，想要学有所成，就必须付出时间和汗水。当然，孩子最困难的也是坚持和勤奋，所以当孩子无法坚持时，家长要成为他们最有力的后盾。

我们需要明确，孩子最初选择学习是因为兴趣，所以当他们在学习过程中无法坚持时一定不要简单粗暴地强迫，要正向引导，否则一旦他失去兴趣，这件事就会变成一种折磨。所以，当孩子表现出不喜欢、坚持不了时，家长可以这样做。

1. 鼓励。孩子在学习过程中某个时刻遭遇瓶颈一定会产生失败感，此时家长和老师的鼓励很重要，这是他们重拾信心的武器。

2. 陪伴。当孩子想要放弃时，家长可以选择陪伴在孩子身边，比如孩子练琴时，就可以做他的听众，不要吝啬掌声和夸赞。

3. 规律。孩子的规则意识是很强的，所以在最初练习时，就可以设定好时间，比如每天半个小时的练习时间，或者每天将曲子练 5 遍。久而久之，练习也会成为一种习惯，习惯一旦养成，孩子的心理便不容易因受外界的影响而改变。

42
孩子上完口才课就会变外向吗?

首先，口才课程主要就是训练孩子的语言表达能力。孩子内向的原因有很多，其中最主要的一点就是他们不善于表达，当一个孩子心有成算时，他们又怎么会羞于表达呢？所以，如果孩子内向，口才课是有一定锻炼作用的。

一般来说，内向的孩子主要表现为胆小、怕生、不敢发言……通过口才课，他们面对各种语境时由于心中都已经打好了草稿，因此应付裕如，而随着表达能力的提高，他们的胆怯心理也会得到克服，自信心和勇气会逐步增加，最后会成为喜欢表达、善于表达的孩子。

在上完口才课后，家长要让孩子多实践："听说你最近读了一首诗歌很好听，给妈妈读一下好不好？"鼓励孩子在家里进行表演，可以用手机拍摄下来，发布到短视频平台，当孩子看到别人的点赞时会有满满的成就感。如果条件允许，可以帮孩子报名一些现场活动，鼓励孩子上台，增加他们的胆量。

总之，外向的孩子内心是强大的，如果想让孩子变得外向，最先要把孩子"捧"起来，让他们变得勇敢、坚强和自信。

43 小学生学习编程有用吗?

现在很多校外机构开始关注针对少儿的编程教育,学习编程对孩子未来规划有多方面好处,那么,我们不从这个角度出发,学习编程还有用吗?回答当然是肯定的,编程其实就是一种思维的训练,它还可以提高孩子的创造力,培养学习的兴趣。

无论是图像化的编程,还是需要输入各种代码的编程,都是一门拓展思维的学科,孩子在学习编程的过程中,逻辑思维能力得到训练,分析问题、解决问题的能力也可以得到提升。而且,编程的魅力在于它的创造性,比如乐高机器人,孩子们之所以很喜欢,是因为积木可以在他们手中被创造成各种各样的东西。

不要以为编程的代码很难,孩子们的兴趣提升了,那些代码对他们来说就不算什么了,这就是为什么古人要求教师要"不愤不启,不悱不发"了。同时,一个小程序的完成,需要多个成员的共同合作,孩子在编程学习中也可以培养合作精神。

最重要的是,未来是科技的世界,编程已经成了很多行业的必备技能,大家都知道小时候的记忆是最深刻的,从小学习便可以打下坚实的基础,让孩子未来面对竞争时多一些助力。

44 让孩子参加"野外生存训练营"有用吗?

现在除了一些校外拓展兴趣班,还有一些机构经常组织的一些"研学""训练营"等活动,特别是"训练营",常常是军事化的训练模式,而且模拟野外生存,这对孩子来说是极大的考验。但是,这种活动既可以培养孩子的自理自立能力,又可以培养他们的团队合作精神及挑战自我的勇气,还是值得参与的。

在国外,野外生存训练是中小学生的必修科目,除了可以让孩子们从小就学会互帮互助、团结合作的精神外,他们最先获得的就是"困难来临时必须想办法应对"这一意识,这对于一些一遇到困难就退缩、逃避的孩子是十分合适的。

比如"冰雪极限生存"中,孩子们在雪地中切实感受到了"冷",并学会了如何抵御"冷";"山地生存训练"中,孩子们学会了用指南针判断方向、识别天气、躲避自然灾害等,无论哪一种训练,教育效果都是书本上、视频中所达不到的。

当然,孩子在参加训练营前,家长还是要做一些准备工作的,比如考量孩子的身体素质,为孩子按训练营要求备好装备等;同时,还要带孩子先学习,如阅读野外生存技能、急救知识、动植物百科等书籍,增加孩子的学习兴趣,而且学到知识后孩子心里也更有出营的底气。

首先,注重个人感受的表达与体悟。参与野外生存训练的孩子在完成任务后，应与同伴、辅导员及父母分享自身的体验与感受。须知，情感体验的缺失可能导致孩子无法深入了解自己，以理智为唯一交往方式，这对人际交往可能产生不利影响。

其次，培养尊重意识。训练营中的生活可使孩子们学会尊重他人，尊重人与人之间的差异。

第三，强调关心与合作。野外生存训练营对独生子女而言，具有重要意义，有助于他们学会关心他人及为他人提供力所能及的帮助。一些家长为提高学习成绩而阻止孩子参与服务活动，然而，若孩子在成长过程中未能及时培养并强化服务他人的意识，可能影响其价值观和人生观的形成。

第四，培养挫折感。过于顺利的成长环境并不利于孩子未来的生活，因为孩子终将面临独立生活的挑战。家长的过度保护使孩子在面对困难时无法体验挫折，这可能导致孩子情感体验的缺失，使孩子偏离正常的生活轨道。而训练营中的艰苦训练恰恰为他们提供了逆境，有助于他们更好地感受挫折。

总之，放手让孩子去与大自然搏斗吧，从营地回归时，孩子会以更优秀的姿态出现在你面前。

生活篇

第五章

掌握必备生活技能

45 孩子需要学习做饭吗?

"民以食为天。"做饭是一种生存技能,也是一种生活品质。一个爱做饭、会做饭的孩子,最起码不会把自己饿死,再高一点层次来说,他未来一定会成长为一个热爱生活的人。

最初练习时,可以从最简单的配菜开始,教会孩子如何择菜,怎么配,鼓励孩子做父母的好帮手,参与到厨房中;等孩子对厨房环境熟悉后,就可以做一些简单的饭菜了,如蒸鸡蛋羹、蒸米饭,再如西红柿炒鸡蛋、炒青菜等。也可以预先切好些菜,让孩子拿来就可以炒,技术要求不高,但真的很有成就感。

教孩子做饭也是一种亲子互动方式,让孩子学做几个家常菜,再学那么一两个拿手菜,想象一下那个画面,你与孩子一起去买菜、洗菜、切菜,一起交流,一起品尝,看着孩子得意扬扬的小脸,那是多么美妙的事情呀!

人间烟火气,最抚凡人心。

46 内衣、袜子需要自己洗吗?

现在很多父母都要求孩子自己洗内衣、袜子等,这是一种很正确的做法,也是家庭教育意识提高的一种表现。从家庭方面讲,如果将所有洗衣、做饭、打扫卫生等工作归为一类,那它的名字就叫家务,让孩子在力所能及的范围内,参与到家务中去,可以有效地建立孩子的责任心;从孩子方面讲,自己的事情自己做,是培养自理能力,这样随着时间的推移,孩子会逐渐形成独立意识,养成自立的习惯,有能力自己去闯出一番天地。

可以先带着孩子熟悉一下操作流程,比如妈妈在洗袜子时可以让孩子在一旁看着,并告诉孩子流程,编一些脍炙人口的歌助记,比如"小袜子,穿脏了,我用小手自己洗。水打开,搓泡泡,正面反面都要搓。搓一搓,洗一洗,搓出泡沫一朵朵。自来水,冲一冲,小小袜子真干净"。

熟悉流程后,在洗衣房或者卫生间准备一个小盆子,或者用专门的洗衣盆,让孩子"试操作",自己在一旁看着并指导,切记不要着急,也不要唠叨,还是以鼓励为主。

不要以为孩子小,就"大包大揽",消减了孩子的成长空间;应该放手让他们尝试,父母只需要做他们的啦啦队、后援团就好。

47
孩子有没有必要学习整理?

"为什么玩具乱扔一地?""为什么总忘记带课本?""怎么总把房间弄得这么乱?"……孩子学习、做事总是抓不到头绪,令很多父母一筹莫展,其实,这些都源于孩子从小就缺乏整理归纳的能力。

是的,整理归纳是一种能力,它可以提高做事的效率,它可以让孩子学会取舍,它可以让孩子懂得自律,最重要的是,一个会整理归纳的孩子头脑中一定有一个强大的逻辑思维系统。

幼儿时期,孩子对"序"的要求是很高的,如果给他们一个可以整理归纳的环境,他们是完全可以无师自通的。父母对孩子整理归纳能力的提升可以从最简单地收拾玩具、书桌开始,一开始就要告诉孩子"收"与"扔"的概念,明确归类标准,当一个孩子具备整理归纳能力时,他们会逐步将这种能力迁移到其他场景中去。

久而久之,你会发现,他们已经知道将事情分为轻重缓急,也知道将朋友分为远近亲疏,也会对外界传递的信息进行取舍,他们的学习、生活变得有条不紊,从容不迫。

48 家务活要不要分给孩子一部分？

做家务活是每个家庭成员的义务，孩子作为家庭的一个成员，当然要承担起家务的责任，而且当他们承担家务时，他们也从"索取"状态变成了"被需要"状态，这对孩子来说是很有成就感和自豪感的，而且从小分担家务可以培养孩子对社会和家庭的责任感。

在将家务分给自己孩子时，要视年龄来分配，学龄前的孩子可以做父母的小帮手，随着年龄的增加，再逐步转为复杂而独立承担。

所有的家务活都是需要学习的，因为孩子太小，注意力集中时间短，所以在"教"的过程中一定要稳定下心态，不要指望着"一点就透"，最初阶段也不要全放手，在分配任务时，一定要说清楚具体的操作方法，或者亲自示范。

而且，在学习承担家务活的过程中，要淡化性别色彩，比如，男孩子也要学一学做饭，女孩子也要去扫一扫庭院；最后，也是最重要的是，很多家庭都出现了干家务活付费的情况，比如洗碗1元、扫地2元等，这是不应该的，我们的初衷是为了让孩子懂得自己是家庭的一分子，对于家庭要有责任感，而"打工式"家务活却将做家务的意义变狭隘了。

49

孩子一个人在家要做好哪些准备?

当孩子可以一个人在家了，这是成长的一大步，但居家的安全隐患特别多，要想让孩子一个人在家，最好未雨绸缪，提前做好准备。

1. 门窗。如果孩子年龄小，父母一定要关好门窗，特别是开放性的阳台或者易打开的门窗，同时也要嘱咐孩子不要去窗边或者阳台去玩。

2. 水电。年龄小的孩子是不需要动水电的，所以要安置好家中外置的插座及明线，避免孩子动手触电；年龄稍大的孩子如果需要动手做饭或者用水用电，一定要检查好线路设置，最好提前将线插好，检查水路，将危险系数降低。

3. 不要给陌生人开门。叮嘱好孩子将门从内部锁好，陌生人敲门一律不开，亲戚朋友来访要与父母取得联系后再开门。

4. 紧急电话。孩子一个人在家，以下这些电话是一定要记熟的：报警电话"110"、急救电话"120"、火警电话"119"。告知孩子，一旦出现紧急情况，一定要先打这些电话。

最后，父母在出门前，一定要将家里的危险物品清查一遍，像酒精、药物、火具等收拾起来，而且最好将电视、电脑等也做好必要的设置，同时可以给孩子设定一个通话时间，比如固定时间或者间隔时间通话，做到有备才无患。

50 如何教会孩子合理分配零花钱?

现在很多父母都会给孩子零花钱,可一旦孩子缺乏理财的意识,就会养成不良的消费习惯,所以,父母给孩子零花钱一定要注意。首先,最好不要太多,多则溢;其次,要有规律,忽多忽少会让孩子混乱;再次,不要让孩子在家庭中"赚钱",比如家务报酬,这只能让孩子形成一种"劳动就等于金钱"的错误认知;最后,也是最重要,一定要教会孩子如何合理分配。

1. 无论多富裕,也不能大手大脚花钱,要细水长流,用钱要有计划。

2. 不去攀比,各个家庭的经济情况不一样,而且家庭的财富来自父母的努力,所以不要去比,也没有必要去比;而学习成绩是靠自己学出来的,所以可以比,比进步、比志气。

3. 零花钱要用在应用之处,自己需要且有用的东西,再贵也有价值;不需要的、闲置的、用于攀比的等,再便宜也是浪费。

父母在给孩子零花钱时,可以给孩子一个手账本,让他记一记自己的零花钱是怎么花的,这样既可以让孩子养成有计划花钱的习惯,更可以随时跟踪孩子的动态,别看手账本小,用起来却是个一举两得的好办法呀!

51
如何教会孩子在超市采购？

孩子是很喜欢在超市采购的，对于孩子来说，那是充满满足感的神奇过程，生活中常常见到这样的场景：孩子在前边挑选着零食，扔到购物车里，妈妈在后面挑拣，将一些零食又放回到货架上。这个场景很有趣，但也向父母提出了一个重大挑战——如何教会孩子采购？其实，这也是教孩子如何理财的最落地的方法。

第一，列清单。列清单是个好习惯，在去超市之前，将自己需要买的东西一一写到清单上，等去超市时，只关注单子上的东西，这样可以培养孩子做事的条理性，能有效避免孩子养成走到哪里买到哪里的坏习惯。

第二，做预算。父母要告诉孩子，逛超市时虽然物品就在眼前，但也要看一看价格，购物车虽然可以随便放货品，但出超市前一定要为自己选中的商品买单，所以要提前做好预算，随时计算价格。

第三，挑选。超市中商品很多，一定要学会看生产日期和保质期。生鲜类产品距离生产日期越近越好；对于食品区的食品，要认真核对一下生产日期和保质期；对于日用品，虽然对生产日期的要求不需要那么严格，但质量一定要高。

最初带着孩子来超市，家长可以耐心地陪伴和指导，过一段时间再放手，放心让他们去做自己力所能及的事，在这个过程中，孩子的自信心和责任心也会越来越强。

52 如何正确使用家庭药箱？

家庭药箱是每个家庭的必备品，它可以在紧急情况下起到关键作用，所以家庭药箱的整理和使用便很重要了！正确使用家庭药箱可以按"分类—常查—合理放置"的原则进行。

首先，家庭药箱的药品要分开存放，这样才能避免在紧急时刻用错药。一般有这样的几类分法：

第一种，成人药和儿童药，如果有老人的常用药也要分开放，方便拿取。

第二种，内服药和外服药。

第三种，紧急药和常备药。如紧急包扎外伤用药应与感冒、咳嗽、胃疼等药分开，这样紧急情况下才不致用错。

其次，尽量使用原包装来存放药品，因为原包装上都有药品的使用说明及有效期，而不同的药有效期也是不一样的。因此，家庭药箱并不是平时丢在那里动也不动的，而是需要定期整理的，定期将失效药品丢掉，定期补充新药品，这种药箱"维护"是一定要做的。

最后，合理放置。一般情况下，把家庭药箱放在阴凉、干燥、避光处就可以了，但有一些药品是需要冷藏的，如儿童退烧药、头孢等药品。

53 孩子需要掌握哪些安全应急知识?

随着社会的发展，孩子面临的安全问题也越来越多，家长应该从小就教会孩子应急知识，帮助他们提高危险意识和自我保护能力。并通过适当实践活动进行训练，锻炼孩子的应急反应能力。

第一，让孩子熟记常用应急报警电话，如公安报警电话"110"，医疗急救电话"120"，消防报警电话"119"等，并教会孩子正确拨打电话及等待出警的方法，可以把具体家庭住址写在纸上，放在随手可拿的地方，并让孩子背熟。

第二，准备好逃生包或者应急箱，并告诉孩子物品放置地点及使用方法，当遇到地震、台风、洪水时能正确使用逃生包。

如果条件允许，可以带着孩子参观公安局、消防救援站、医院等机构，并让孩子亲身体验遇到紧急情况时如何应对。对于年龄比较小的孩子，可以带他们读一些安全知识图书，观看一些视频，并向他们介绍产生危险的原因及应对方法，但不要用过于血腥的案例。还可以设计一些场景，如灾难来临、路遇陌生人、突发疾病等场景，检验孩子是否能迅速做出反应。

生活篇

第六章

独立生活从小培养

54
早晨孩子总是赖床怎么办?

"起床气"指人早晨起床之后莫名其妙地生气。很多孩子都会有起床气，早晨起床喊也喊不起来，或者一喊就闹小脾气，其实归根结底，孩子不起床、有起床气等都是睡眠质量不高或者睡眠不足造成的。

孩子并不是抵触起床，而是没有睡足睡好。父母可以给孩子创造一个良好的睡眠环境和起床环境，把床和卧室尽量布置得温馨一些，并加上一个厚厚的遮光窗帘；不建议用一些强烈的颜色装饰卧室，卧室还是应安静、温馨、舒适。

还可以给孩子们设置一个规律的作息时间表，定好每天睡觉与起床的时间，晚上睡眠时间以 8 ~ 10 小时为好，不宜太长，也不宜太短。观察一下孩子睡眠质量，可以适当地补充维生素 D 来促进钙、磷的吸收，增强抵抗力，提高睡眠质量。

想要孩子快速起床，"叫醒服务"也很重要，对于大一点的孩子可以用闹钟，设置好固定的音乐，不要太吵闹，温和一些；对于小一点的孩子可以用轻柔的呼唤和温柔的抚摸，等孩子渐渐清醒，千万不要大声喊叫，否则会让睡眠中的孩子感到心烦意乱。

55 几岁分床最合适?

分床最佳时间为 3 ~ 5 岁,独立意识出现比较晚的孩子可以到 7 岁再分床。

有的孩子出现独立意识的时间是比较早的,在 3 岁左右自我意识形成时,他们就可能提出独立睡觉的要求,如果此时家里条件允许,应尽量满足孩子,顺时分床最符合孩子的心理。当然有的孩子可能独立意识出现比较晚,最晚的可能要到 7 岁左右。但无论哪个年龄阶段,家长都要将孩子的心理感受放在第一位,这样可以提升孩子的睡眠质量,有利于其身心的发展。

当然,最初把孩子"分"出去时不要采用强制手段,因为越是强制,孩子就越会反抗,哪怕不会明显地反抗,孩子的心理也会受到伤害。"我们挑战一下在自己床上睡好不好?""蒲公英妈妈的孩子长大了都会离开妈妈,你也长大了,那就让我们从分床睡开始吧!"……父母要尽量用缓和、温柔的语言与孩子商议以达成分床目的。也可以最开始时陪孩子在他的床上,哄睡着后再回到自己床上;或者用一些陪伴电子产品,如播放睡前小故事等。总之,家长要尽早和孩子分床睡,但一定要征得他的同意,千万不能表现出赶他走的样子。

现在很多家庭,在孩子出生后就直接选择分床或者分房喂养,以为这样可以更快地培养孩子的独立意识,其实这样做对孩子的心理成长并没有益处，幼时的心理感受对成长后都有很大的影响，容易造成孩子没有安全感、情感淡漠等。还有些父母总也舍不得，怕孩子睡不好，但分床太晚孩子的独立性就会差一些，而且也会造成心理年龄发育迟缓。

56

孩子每天晚上总是不睡觉怎么办?

孩子的精力充沛,就像一个小电池,每天早上都是满格电,到了晚上他们仍电量充足,自然就没有办法快速睡觉充电啦。

孩子对外界的一切事物都感觉新奇,他们喜欢体验这种新奇,有时哪怕自己已经困得不得了,他们也要硬撑着。因此,想靠孩子自主入睡是一件很难的事情,可以通过改善睡眠环境、降低兴奋度来助眠。

孩子睡觉的房间要尽量温馨、安静,加一个厚厚的遮光窗帘,房间灯光或者小夜灯的光线也不要太亮,尽量选择橘色光线。孩子睡前不要进食,很多人喜欢给孩子睡前喝杯牛奶,这其实是很不好的习惯。最后,睡前一两个小时不要让孩子的情绪太激动,尽量避免玩游戏、看动画片等,可以让他安静地看会儿书,或者听一听轻音乐等。

57 放学后可以让孩子独立回家吗？

孩子可不可以独立回家，需要斟酌两个因素，一是环境，二是年龄。

如果居住地周围环境简单，危险系数低，孩子上了三年级以后，就可以让他试着独立回家了。10岁左右的孩子已经有了一定的安全意识和防范意识，能够明辨是非，如果碰到意外情况，也具备处理事情的能力。

如果想让孩子独立回家，父母可以先作示范，指示一下上下学路线，告知其需要注意的交通安全事项，遇到陌生人的防范知识和遇到突发情况的紧急处理方法。

如果家离学校距离很远，还是建议父母接送孩子，交通安全方面存在较高不可预见性，而且路途太长，遇到突发事件的概率也会增加。如果路途中还有水塘、小胡同等不安全的环境，那孩子就更需要家长的守护。

58

一遇到困难孩子就想放弃怎么办?

"知难而退"对于成年人来说,在某些事情的处理上是一种人生智慧;但对于孩子来说,一遇到困难就放弃是一种畏难情绪,更是一种缺乏自信心的表现。

孩子的畏难情绪和意志力弱是需要通过锻炼克服的。第一,要缓解孩子的畏难情绪,父母可以先改变一下自己的教育理念,平时不要给孩子太大压力,找出孩子的优点,多鼓励他们发扬自己的优势,在遇到困难时,告诉孩子不要害怕失败,鼓励他们多去尝试,想办法把孩子的注意力从害怕失败转移到追求成功上。第二,提高孩子的意志力和独立性。很多孩子因为有"退路",所以很难坚持,他们在遇到困难时,父母总能及时地"降临",这就让他们产生"哪怕不做,也会有人替我做"的错误思想,所以父母可以是"指导者",但绝不能成为"代劳者"。

59 孩子总是看别人脸色怎么办?

孩子是最懂得看人"脸色"的,从出生开始,他们就学会了观察,从别人的"脸色"中分析人的情绪变化。但随着年龄的增长,性格的形成,不同孩子看别人"脸色"的行为也产生差异。总喜欢看别人脸色的孩子往往会形成讨好型人格,这对孩子的成长是很不利的。

孩子应当有独立的思考能力和果断的抉择力,父母不要将"不听话"作为评价孩子是否优秀的标准,要教导孩子做事要有原则,明白什么是可以妥协的,什么是必须要坚持的。所以,孩子从小就要树立正确的做人做事原则,父母要告诉孩子什么样的事情必须按什么样的标准做,但事实与主观判断往往不会很契合,所以不可以让别人的处事态度影响到自己;也要告诉孩子什么时候必须考虑别人的感受,比如,与家人、朋友相处时,情商要高,该看的"脸色"也要去看,那不是讨好,而是与人相处的礼貌。

60 孩子被批评总是大哭大闹怎么办?

孩子的任何情绪反应都是在向外界释放信号,从一个孩子受到批评后的情绪反应,可以判断孩子对批评的接受程度以及孩子对事情的承受力。

当受到批评后,如果孩子低头反思,之后伤心落泪,最后给你坚定地改正错误的眼神,这才是最正常的流程。但如果孩子一挨批评就大哭大闹,可能是由于以下原因。

1.玻璃心,处理事情的能力较差。孩子大哭大闹针对的并不是错误,而是批评,这样的孩子都有一颗玻璃心,处事能力也很差,他们没有办法面对错误,所以便会将情绪发泄在批评上。此时父母不要只训斥,而是要告诉他们如何去解决问题,当他们懂得如何解决问题后自然也就停止哭闹了。

2.抗压力差。大哭大闹的孩子有一大部分是父母过度保护造成的,过度保护导致他们的抗压能力很差,经不得一点风雨,一旦遇到挫折,他们最先想到的不是如何应对,而是以哭闹的方式寻求帮助。所以,如果孩子遇到困难就总是哭闹,父母可以选择"避开",等他们情绪稳定后,再一起讨论哭闹的问题,以及协助孩子克服困难。

61 老人总是溺爱孩子怎么办?

一些老人帮忙带孩子的家庭,往往会因父母觉得老人溺爱孩子而引发家庭矛盾,其实,这并不是老人的问题,而是经历不同所形成的教育观念的差异。

老人忙碌了大半辈子,他们见到孩子自然会有一种怜爱感,一些吃过苦的老人,更是想给孩子最好的,不让孩子再吃苦;有些老人觉得自己年轻时亏欠了儿女,便把全部的心思都用在了孙辈上。

更重要的是,老一辈人和现代年轻人的教育观念是不同的,与其抱怨"隔辈亲",不如自己多承担一些,勤快一些。看到老人溺爱孩子时,可以沟通,但不可指责,要自己多做一些,比如打扫卫生,完全可以拉上小朋友一起进行,其乐融融,这样既不会让老人不高兴,也锻炼了孩子的能力。

身为父母,一定要明白,家庭教育中父母是第一位的,当你将孩子的教育寄托在老人身上时,就已经选择了共育,那就要体谅老人教育方式的差异。

62 为什么孩子总是依赖父母？

一个有安全感、独立能力强的孩子是不会对父母过度依赖的，他们对父母是爱，而不是索取。如果孩子总是依赖父母，可能有以下几个原因。

1. 幼儿时期母爱缺失。孩子如果与父母的关系过早地疏离，就会让孩子对父母的爱产生怀疑，他们就会表现出很依赖父母的行为，以确认父母是否爱自己。

2. 安全感缺失。如果孩子幼儿时期与父母的关系很亲密，孩子就会缺乏安全感，而安全感强的孩子是可以独立勇敢地面对一切未知的，他们对父母的依赖便不会太大。反之，缺乏安全感的孩子，对自己完全没有自信，认为做什么都不好。

3. 分离焦虑。如果孩子之前与父母过度亲密，当父母突然远离后又回来时，孩子就会表现出过度依赖，因为他们不确定自己和父母会不会还会再次分离。所以，当父母需要出差或者由于其他原因与孩子分离时，一定要提前将时间、时长等信息告诉孩子，减轻他们的焦虑。

所以，如果孩子过度依赖父母，可以对照以上原因，找到适合孩子的解决办法。可以通过合理分配相处的时间来减轻他们的分离焦虑；要让孩子有独立的意识，日常可以让他们自己处理一些力所能及的事情，并鼓励他们勇敢去做；同时，要多带孩子去陌生的地方，在安全监护下与陌生人打交道，比如到公共场合活动等。

63 为什么孩子总是丢三落四？

很多人觉得孩子丢三落四一定是记忆力不好，其实并不是这样，造成他们丢三落四的原因有很多，如习惯不好、不懂珍惜、缺乏责任心、有逃避心理等。

因此，当孩子出现丢三落四的情况时，千万不要一味批评，可以通过观察后找到原因，有针对性地去教育。

当孩子因为习惯不好而丢三落四时，父母可以从培养孩子良好的习惯开始，比如每天晚上写完作业要及时整理书包，做事情要有条理，可以有计划地分步进行……当孩子不懂珍惜时，家长可以用一些方法让孩子懂得"来之不易"的道理，比如不要让孩子轻易就得到一个梦寐以求的东西，买回来的新东西要反复强调来之不易。当孩子因为缺乏责任心造成丢三落四时，父母就要学会放手，让孩子自己去处理一些事情，比如，检查书包是否收好，去超市购物之前先列清单等。

最后，很多孩子丢三落四并不是因为他们口中说的"忘记了"，那只是托词，是逃避责任的借口，所以父母一定要找准原因，有针对性才能找到修正的最佳办法。

生活篇

第七章
校园生活困惑解决方法

64

孩子不喜欢上学怎么办？

现在有越来越多的孩子不喜欢上学，因为他们在家里的生活是十分快乐的，到了学校要受管制，没有玩具、没有电脑、没有零食，更没有自由。所以，如果孩子表现出来对学校生活不喜欢，父母就要赶快找一找原因了。

如果是因为孩子不适应学校的生活节奏，那就要让孩子生活得规律些，比如修改孩子的作息时间，养成早睡早起的好习惯等，这样孩子对于那种规律性很强的学校生活就不会有抵触心理。

如果是因为孩子觉得学校课业负担过重，那就要帮助孩子将学习节奏调整一下，可以让他适当地进行预习、复习，对孩子的学习多关心一些，这样孩子的自信心会增强，也就不会产生厌学情绪了。

如果孩子是因为在学校的人际关系处理不好而不喜欢上学，父母可以通过老师或同学，了解不和谐因素，帮助孩子处理好人际关系，并多与孩子沟通，缓和情绪。

当然，如果真的是因为学校没有家里舒服而不想上学，那父母就要适当地让他们"不舒服"一些了，比如家里也要做到严格作息、认真完成作业等，这样孩子就会觉得家里要求这么严格，还没有朋友一起玩耍，真的是比上学还"烦人"。

　　总之，上学是一件幸福的事，但往往只有从学校毕业后才能真正地体会到，所以，孩子现在只是不懂得珍惜自己在学校的时光，需要父母的助推才可以。

65
孩子上课不敢发言怎么纠正？

发言，也就是表达自己的看法，不只是孩子，很多成年人都无法在大家的注视下发言，究其根本，是因为自信心不足。

有这样一个规律，越大的孩子上课回答问题的积极性越低，比如到了大学，一个大教室一两百人，也就那么几个人回答问题比较积极。其实，起初每个孩子都是积极的，都是喜欢表现自己，也喜欢表达的，只是在成长中一点点地改变。

父母要想保持住孩子的积极心态，就要让他们有底气。对于学科知识，预习和复习是不能缺少的，而且要多加练习，当孩子对所学知识了如指掌时，他们也就有了站起来回答问题的勇气；同时，增强孩子的内心承受力也是一个必要的训练项目，因为如果孩子的受挫能力差，玻璃心，回答错误后他就会有深深的愧疚和自责感，从而打消发言的积极性。

当孩子有了底气，有了自信，他就敢于大胆地表达了！

66 不喜欢班主任的孩子需要怎么引导?

孩子不喜欢班主任的原因有很多：有的是因为他们不喜欢班主任所教的学科；有的是因为不喜欢班主任的某些特点；有的是因为单纯不喜欢班主任的外貌；还有的是因为与班主任闹了矛盾……

孩子往往以情绪对待外界的所有事情，此时，父母就要让孩子明白，老师是知识的传播者，从老师那里学到的是知识，如果因为不喜欢老师就连他教的学科都讨厌，那是得不偿失的事情，完全可以通过考出最好的成绩来"回击"老师，让他"哑口无言"。

家长可以当孩子面给班主任打电话，了解课后老师的状态，让孩子明白严肃的班主任也有"可爱"的一面；也可以与班主任沟通一下，共同协商解决办法等。

很多父母看到孩子不喜欢老师，自己便也跟着孩子不喜欢，甚至常常在家中说班主任的"坏话"，这是最不正确的做法了。家长应正确引导孩子，如果与老师有隔阂，应该更鼓励孩子主动地与老师接触，也许这样就会发现老师令自己喜欢的一面。

67
孩子不喜欢老师就不喜欢他教的学科吗?

孩子是很容易用情绪来做判断的,最常见的就是因为不喜欢某个学科的老师而对该学科也不感兴趣。

孩子在学校的时间很长,最常接触的就是老师,父母一定要引导孩子认识到学习的重要性,不能因为对老师不喜欢就"恨乌及乌",连他教的学科也不喜欢。其实,我们也可以反向引导,利用网课、预复习等将此学科成绩提上来,孩子对学科知识掌握充足,有了信心,自然在课堂上也就有了底气,这样孩子对老师的感觉也会不同。

还有一种情况,孩子就是单纯不喜欢某个学科老师这个人,每个人包括孩子都有自己的判断,家长不需要引导孩子喜欢,如果孩子嫌老师严肃,可以这样告诉孩子:"你不喜欢严肃的老师吗? 那我们听清老师讲的知识好不好?"如果孩子嫌老师年龄大,就可以这样告诉孩子:"你不喜欢年龄大的老师吗? 但每个人随着时间的推移都会变老的,不可能永远年轻。"抓住孩子不喜欢老师的原因,不必去讲道理,潜移默化地纠正孩子的认知就好。

总之,只要不是老师在品行上有问题,伤害到孩子而招致孩子反感,那我们就需要去调节孩子的心情,孩子的情绪是多变的,家长只需要耐心引导就好。

68 上课时孩子总想上厕所有什么问题?

如果老师反映孩子上课总想上厕所,家长一定要重视起来,出现这种情况一般有以下几种原因:一是生理原因,排除病变的因素可以考虑孩子是否喝水量大;二是心理原因,孩子是不是紧张、焦虑、害怕等,导致心理压力太大了;三是生活习惯,孩子没有养成良好的如厕习惯,下课后不去厕所,使劲喝水,上课来了尿意就想上厕所;四是逃避心理,有些孩子不喜欢上课,便会借上厕所出去转一圈,久而久之一上课便会想上厕所。

针对这些原因,在排除病变因素的情况下,家长要帮助孩子养成良好的习惯,比如,下课后要及时去厕所,课间饮水要适量等。并且,要多与孩子沟通,了解他们在学校的学习情况,缓解孩子的心理压力,多鼓励,增强自信心。建议每天询问孩子在学校的生活情况,了解他们的需求及感受,并给予一定的帮助和支持。

最后,家长也要多与老师沟通,家校共育,这样对孩子的了解才会更全面,也能更准确地找到孩子的需求。

69 遇到问题孩子不敢求助老师怎么办?

人难免会遇到这样那样的问题,遇到问题求助是最基本的常识,在学校时就要学会向老师求助。但很多孩子并不敢向老师求助,因为他们觉得老师在课堂上是严肃的;或者向人求助时经常遭到拒绝,以至于他们不相信任何人;或者也怕给别人带来麻烦等。

在家庭生活中,无论父母对老师的评价如何,都不要在孩子面前表现出对老师的不满,要塑造老师良好的形象,让孩子觉得老师是可以亲近的。而且,最重要的是家长不要将错误看得太重,当孩子向自己求助时,不要一开始就去找孩子的问题,这往往会造成孩子遇到问题后,为了逃避被"牵连"而拒绝求助。

一些孩子因为怕给别人带来麻烦而不敢求助,那是因为他们觉得求助的行为是"麻烦"的。这种情况下,父母需要让孩子明白这样一点,那就是不是所有的事情都是可以靠自己的能力完成的,有些事情是需要合作的,求助别人并不表示自己不行,也不表示自己是一个麻烦的孩子,而是一种很正常的行为,并不会因此让别人讨厌自己。

70 孩子遇到校园霸凌了怎么办?

校园霸凌是一个严重的问题,会对孩子的心理和社交能力产生长期的影响,家长一定要告诉孩子,如果遇到校园霸凌,一定要保持冷静,不要直接回击。正视校园霸凌,不助长,不示弱!

很多家长觉得如果遇到校园霸凌时,最好的办法就是马上回击,觉得越是忍让就会越受气,其实事实并不是这样的。当遇到霸凌时,要选择冷静,避免与霸凌者直接发生冲突,最好的办法就是"见机行事",不要当场冲突造成更大伤害,学会寻求帮助,要第一时间告诉老师、辅导员或者直接报警。

鼓励孩子建立自信心和自尊心,同时帮助他们建立和维护好良好的人际关系,学会识别出霸凌的"苗头",不要独自一个人去偏僻的角落,也不要接受任何诱导。一旦面临霸凌,要快速走开,或者大声呼救,要勇敢地对霸凌者说"不",但如果对方过于强势,也要适时低头,避免受到伤害。

同时,要将霸凌行为的时间、地点、参与人员等悄悄记录下来,这些记录可以在后期帮助学校、警察调查具体情况,有针对性地采取措施防止霸凌事件再次发生。

71 在校外孩子见到老师总跑怎么办？

有些孩子性格比较外向，遇到谁都能愉快地聊天，无论在哪里见到老师或者其他人都会很热情地打招呼甚至还能聊上几句。而一些孩子天生就比较害羞，他们见到陌生人后会觉得不好意思。而在校外见到老师是一种让他们"震惊"的事情，他们会从心里觉得老师应该在学校里，哪怕在学校里与老师天天见面都会打招呼，但校外见到还是会让他们感到慌张，甚至不知所措。

如果遇到这种情况，家长要正面引导，主动带着孩子与老师打招呼，这个过程中不要强制孩子，家长与老师多聊几句，在聊天过程中可以主动把孩子拉到前面，用胳膊搂住孩子，给他足够的安全感，这样分别时孩子一般都可以主动与老师道别。几次这种操作之后，孩子见到老师也就适应了，也就可以主动打招呼啦。

当然，还有的孩子比较有个性，他们不喜欢人情往来，也不喜欢热闹，家长要做的应该是尊重，不要逼迫孩子。总而言之，什么样性格的孩子都有，性格可以通过后天的训练去改变，但也并不是一定要改变。

72 孩子可以把零食带到学校吗？

虽然有些学校可以让孩子带水果，在课间休息时补充能量，但是大部分学校都不允许孩子将零食带进教室。如果有特殊情况可以向学校和班主任申请，征得同意。

家长之所以让孩子带零食进学校，都有自己的考虑，比如早饭没吃、生病需要补充能量等。但孩子带零食进教室后，也许不会如家长想象中那样：他们可能在上课时注意力不集中，偷偷品尝；也有可能下课后在同学面前大吃特吃；更有可能在同学之间形成攀比……那些会散发异味或者容易掉渣儿、撒汤等的零食，更会影响教室的学习环境。

因此，在家要合理安排孩子的膳食，保证他正餐吃饱吃好，偶尔也可以让孩子吃一吃小零食，让孩子带你重新体味童年的乐趣，不建议让孩子把零食带到学校，学校毕竟是需要注意力高度集中的地方。

73 小学阶段需要择校吗？

虽然每个学校都是按要求实施教育教学工作，但事实证明，学校与学校之间的确是有差距的，在培养学生的学习能力、习惯、思维等方面的综合能力也不尽相同，甚至在同一所学校中，班级与班级之间也是有差距的。既然有差距，那在条件允许之下，无论哪个学段择校都是可行的，因为择校最根本的目的就是想选择一个更好的学习环境。

小学阶段，是打基础的最好阶段，小学的六年不只是知识的积累过程，更是各方面能力的形成过程，知识和能力是孩子成长的基础。好的学校，从师资力量到硬件资源都是优良的，先进的教学模式更容易培养出高效学习的学生。

而且，不同的学校家长的受教育层次也是有差距的，从"近朱者赤，近墨者黑"的角度来看，家庭教育可以直接影响到孩子的状态，不同学校的学生无论是知识面、眼界、格局还是思维模式都是有差距的，好的学校自然会给孩子带来好的影响，而这个影响可能会直接影响孩子一生。

74 发生了打架事件怎么办?

学生打架往往是源于情绪不稳定,很多学生打架都是因为他们没有办法用语言来解决问题,只能通过"动手"来表达自己的想法。

在处理子女学校打架事件时,家长应采取以下正确方式。

1. 了解打架原因:家长首先应倾听子女的解释,并寻求班主任的帮助,以全面了解事件背景和过程。在此基础上,与子女共同应对这一问题。

2. 安抚子女情绪:打架事件发生后,子女往往会产生恐惧和不安。此时,家长应首先给予关爱与安慰,待子女情绪稳定后,再引导他们认识到自己的过错。家长应成为子女最坚实的依靠,避免因过早指责和批评而导致子女心理逆反。

3. 教育子女正确处理矛盾:家长需使子女明白,打架并非解决问题之道,以暴制暴只会加剧冲突,而无法解决问题。同时,家长应引导子女勇于承担错误所带来的后果。

4. 关注子女身心健康:在处理子女打架事件时,家长首要任务是保障子女的心理健康。无论事件起因如何,都应关爱子女,避免让他们承受过多压力。以冷静理智的态度处理问题,切勿因打架事件将子女视为不良少年而放弃教育。

5.培养子女宽容品质：若确系对方过错，家长应引导子女学会原谅。宽容待人，有助于缩小矛盾，营造和谐的学习生活环境。反之，若子女犯错，家长应引导他们向对方道歉。

6.以身作则，做温文尔雅的父母：在与子女沟通时，家长应保持理智，避免情绪失控。家长的一言一行都会影响子女，以冷静态度处之使子女亦能保持冷静。同时，鼓励子女如实陈述事件经过，以便更好地了解事实。

7.避免以武力解决问题：孩子打架并非严重问题，家长应避免立即对孩子下定论。此时，家长应把握教育机会，但切记不要以武力解决，以免加剧子女的暴力行为。

生活篇

第八章
青春期实战指南

75 视频中出现亲热镜头该不该挡住孩子的眼睛?

出现"亲热"镜头赶紧挡眼睛这招已经不再适用于现在的孩子了,随着社会的发展,现在孩子获取外界信息的渠道有很多,所以他们远比我们想象中懂得多。因此,当视频中出现亲热镜头,单纯地挡眼睛只能更引起孩子的注意,不如换一种孩子更能接受的方法。

可以用注意力转移法,当预测到视频中要出现亲热镜头时,可以找一点事情将孩子"支开",让他们错过这种镜头,比如你已经预见到下一步剧情,可以马上对孩子说:"宝贝,帮我拿个杯子去好不好?"

也可以默契化解,比如与孩子一起对好信号,当视频中出现"少儿不宜"的镜头时,可以直接用信号让孩子自觉躲开镜头,比如"闭眼""低头"等,孩子会像做游戏一样与你玩得不亦乐乎,自然也就化解掉了对镜头的注意力。

还可以用讨论法化解,对于无法逃避的镜头,不如干脆采用脱敏法,看到亲热镜头后可以与孩子一起讨论一下:他们为什么会抱在一起呀?"亲亲"是说明他们都是很爱对方的……

总而言之,与其费尽心机地挡住孩子的眼睛,倒不如换一种方法,哪怕与孩子一起讨论,也会为他们打开一个新世界的大门。

76 孩子喜欢上班里的同学该怎么处理？

"喜欢"是一种很美好的情感，是孩子内心的表达，虽然更多的人将它理解为爱情的萌芽，甚至以为孩子早恋了，就要马上去制止。其实，孩子喜欢上班里的同学是一种很正常的事情，他们的"喜欢"更大一部分是欣赏，这个同学身上一定有值得孩子学习的东西，因此，当孩子喜欢上班里的同学后，最佳方案并不是马上制止，而是情感疏通。

可以将孩子带到身边，谈一谈心，不要发语道破，可以说："宝贝，妈妈觉得你最近看起来很高兴，为什么呀？""妈妈发现你好像有了小秘密，可以跟妈妈聊一聊吗？"……一定要让孩子自己说出来，不要直接说："你是不是谈恋爱了！"这会让孩子产生逆反心理，同时也会影响孩子的"爱情萌芽"，这对孩子未来的恋爱、婚姻都会造成影响。

如果孩子自己说出来后，继续与他们聊一聊，可以用"为什么"来沟通他们喜欢的理由，也可以用"你可以告诉妈妈你喜欢他哪些方面吗"来询问。孩子的情感价值观并不完善，通过与孩子的谈天可以了解孩子的心理动态，如果孩子说得头头是道，家长可以鼓励孩子与那个同学结成"学习小组"，与喜欢的人一同学习，是一件多么奇妙的事情！

无论怎么处理，最忌讳的就是直接指责孩子，最糟糕的就是给孩子扣上早恋的帽子。

77

孩子被同学追求该如何回应？

孩子被追求是一种很微妙的体验，一方面证明孩子是有魅力的，另一方面说明孩子可能受到干扰了。

当家长得知事件发生后，最忌讳的就是直接指责孩子，因为这件事可能责任并不在孩子，他们也是被动的。此时，家长可以试着与孩子沟通，询问孩子是否需要帮助，在征得孩子同意后，家长便可以与那位同学、家长或者班主任沟通。

其实，孩子是不希望家长参与，所以最好的办法就是家长做孩子的"军师"，帮助孩子分析一下。如果孩子喜欢被追求的感觉，可以告诉孩子："你要变得更优秀，才会让别人越来越喜欢你！"以此来鼓励孩子变得更好。如果孩子不喜欢这种感觉，或者不喜欢追求的人，可以鼓励孩子去和那位同学沟通，鼓励孩子在那位同学面前表明自己的看法，告诉他自己并不喜欢此时此境被追求。之后，一定要与他保持距离，让他明确地知道你的态度是坚决的。

总之，遇到这种情况时，家长参与解决不如孩子自己去解决，只是一旦孩子无法解决时，家长一定要做好后盾，采用有效沟通帮助孩子解决这个"麻烦"。

78 孩子问自己从哪里来的怎么回答?

"我是从哪里来的?"几乎每个孩子在成长中都会这样问，一些家长觉得这个问题难以解释，甚至会觉得羞于启齿，往往采用逃避、拒绝来回答，其实，这样做的话，你就错过了最好的感恩教育和提高亲子情感的机会了。

孩子一般在3岁左右开始能提问时就有可能提出这个问题，家长如果用科学的方法具体解释孩子是无法理解的，所以可以用充满爱和浪漫的方式来回答，比如，爸爸和妈妈相爱了，结婚了，你像一个小天使感受到爸爸妈妈的爱，觉得这一定是一个幸福的家庭，便选择了我们，来到了我们身边。

也可以用科学启蒙的方式正面回答，比如，妈妈十月怀胎，你就在妈妈肚子里住了十个月，越长越大，最后妈妈的肚子再也装不下你了，你便出生了。

也可以用实践讲解的方式，通过小动物生宝宝的过程来启示孩子；也可以通过漫画将孩子在妈妈肚子中的成长过程画下来；还可以通过与孩子一起读启蒙类书籍等方式。

无论以上哪一种方法，都是一种美好的回答，孩子也会从这些回答中感受到爸爸妈妈的爱，感受到妈妈的不容易，因此会更爱这个家。

79
如何教会孩子判断性骚扰？

小朋友年龄还小，对"性骚扰"的概念是完全不知道的，但这不代表孩子就不会受到侵害，所以无论是男孩子还是女孩子的家长都一定要明确地告诉孩子哪些行为是需要提高警惕的。

1. 隐私部位不许碰。一些部位属于自己的隐私，一定要保护好这些部位，无论别人长时间注视还是触摸，都属于"性骚扰"，需要立刻寻求帮助。

2. 一些人故意在你面前暴露自己的隐私部位，引起你的关注，这也是"性骚扰"的一种。

3. 一些人语言暧昧，甚至讲一些黄段子，这也是一种性骚扰；如果对方给你说一些暗示的话，甚至用一些黄色的语言来侮辱你，这更是性骚扰。

4. 在没有征得你同意的情况下，强行的抚摸、亲吻、拥抱等行为，或者强迫你做一些事情，甚至强迫发生关系，都是极严重的"性骚扰"行为，可以直接报警处理。

以上行为只要出现，就一定要引起重视，家长要教会孩子时刻保护好自己，不必害怕，更不能放纵这种行为。

80 发现孩子有"自慰"行为该如何应对?

孩子虽然没有到青春期,但也有可能出现一些"自慰"行为,医学上称其为"儿童手淫"。大多数孩子在做游戏时无意中用手或者其他东西触摸到了自己的敏感部位,得到了"满足"的心理感受,以后便会常常触摸,再次获得这种心理感受。其实这是人类性心理发育过程中的一种常见表现,在儿童和青少年中也很常见。

如果您注意到孩子有这样的行为时,千万不要大吼大叫,甚至强行制止,可以用一些他们感兴趣的事情转移注意力,也可以多与他们聊天,互相交换感受和看法,必要时讲一些生理知识,去疏导他们的心理。特别要注意的是,孩子的这种行为随着年龄的增长可能会自行消失,因此发现时只需要重视起来,但不能过于紧张,也要不给孩子灌输"羞耻"的概念,否则会给孩子带来更大的心理压力。

除此之外,孩子的衣裤也要尽量选择舒适的,不要太过于紧绷,同时也要保持干净清洁,减少对生殖器的刺激。此外,还要帮助孩子养成良好的作息习惯,多参加户外活动,自己平时也要多与孩子交流,让孩子培养更多的兴趣爱好,这样孩子的生活会更充实,某些行为也就在无意间纠正了。

81

发现孩子喜欢模仿成年人的行为怎么办?

模仿是孩子的天性，孩子的成长，都是从模仿开始的，他们喜欢模仿成年人，是与生俱来的天性。研究表明，孩子出生 4 小时后，就已经具备模仿的能力了，他们会模仿成年人的各种行为，而这种模仿我们往往很难发现，所以家长一定要明确，模仿是孩子的一种本能，有些行为是不可以制止的。

比如孩子在 2 ~ 3 岁进入了模仿敏感期，他们会重复自己所模仿的行为，此时如果家长横加干涉，就会破坏他们的正常发展，阻碍孩子的认知。当他们无法度过模仿敏感期时，他们的模仿行为就会滞后，这有可能直接影响到孩子成长中的"学习"，导致孩子学习能力不足。

所以，如果成年人觉得孩子在模仿某些行为，那是他们学习的一个过程，不要刻意去制止，当这种不良行为持续太久时，可以去纠正；也不要刻意塑造"榜样"的形象，因为孩子模仿的对象是自己的选择，并不是被人强制。家长只需要注意自己的语言习惯、与人交流的方式等就可以啦！

82 发现孩子偷偷吸烟怎么办?

"吸烟有害健康"这是连烟盒上都标有的字样,每个人都明白,但是当发现孩子吸烟时,一味地阻止往往不会取得期望的效果。

在阻止前,家长要弄清楚孩子吸烟的原因。有些孩子是因为好奇,想尝一尝味道;有些孩子受外界干扰,觉得吸烟是一件很酷的事;有些孩子就是很喜欢香烟的味道;有些孩子是学习压力太大,觉得吸烟可以缓解压力。

聪明的家长会在弄清孩子吸烟的原因后,从需求到心理都做出研究,再由源头去切断,同时向他们介绍吸烟对健康的危害,最好通过一些案例来介绍。

如果孩子已经对香烟有了依赖,那家长就要明确告诉孩子"戒烟",此时就需要家长和孩子一起努力了,除了监督之外,也要多给孩子一些鼓励。比如,可以用口香糖、糖果来代替香烟,让戒烟过程没有那么痛苦。

83
孩子需要知道的隐私部位有哪些？

当提到孩子的隐私部位时，很多家长会这样告诉孩子："背心和短裤遮到的地方是你的隐私，别人不可以碰。"但是孩子对此的理解是很模糊的，隐私部位都有它们自己相应的名称，这些名字一定要让孩子清楚地知道，否则一旦遇到危险，孩子是无法明确地指认自己受到的侵害的。

一般来说，男孩子的隐私部位包括阴部和臀部；女孩子的隐私部位包括胸部、阴部和臀部。家长最好将这些部位的名称明确地告知孩子，因为对于孩子而言，这些部位与眼睛、耳朵一样都是身体的一部分，没有任何区别。

也可以找一些人体图片，将图片上的隐私部位标上红色，其他周边部位如大腿根部等标上黄色，这样有利于孩子更清楚地认知哪些部位是不允许别人注视和触摸的。

总之，要让孩子明确自己的身体是自己做主的，特别是这些隐私部位，是不可以在别人面前展示，也不可以任人触摸的。

84 如何教会孩子保护隐私部位？

教孩子保护隐私部位时，最常用的方法就是告诉孩子要做身体的小主人，身体上的隐私部位是"小秘密"，绝对不可以让别人看，自己也不可以随便去玩弄。也要告诉孩子男生、女生的不同，女孩子的小背心要遮住胸部，而且无论是男生还是女生，都要用小短裤遮住阴部和臀部，除了爸爸妈妈之外，谁也不允许揭开小背心和小短裤。

为了让孩子们记得更加牢固，可以模拟一些场景。比如，在公共场合是不是可以脱下小裤子？再如，有人突然要亲亲、抱抱或者摸胸部、阴部是不是可以被允许？再如，同学之间是不是可以随便触摸隐私部位？总之，将可能发生的场景演示一遍，加深孩子的记忆。

最后，一定要让孩子知道，如果发生场景中的行为，就要向爸爸妈妈、老师、警察等求助，千万不要害怕，一定要勇敢且明确地拒绝对方的行为，更要勇敢地举报他们。

85
青春期的孩子该不该学习避孕知识？

进入青春期后，孩子的身体会发生很大变化，随着他们第二性征的发育，他们对"性"的好奇心也会变得越来越强烈，同时对"性"也有了需求，面对异性有了冲动。虽然这个阶段老师和家长都在反对早恋，但早恋怎么可能会因反对而消失呢？因此，青春期的孩子了解避孕知识，也是一种对身体健康的保护。

遇到这种情况，家长最需要做的就是好好和孩子沟通，告诉他们可以与异性交朋友，但是不一定要谈恋爱，同时要告诉他们哪些事情可以做，哪些绝对不可以做。其实，除此之外，性教育也是必然要展开的话题了。

家长可以买一些有关性教育的书籍让孩子自己去看，同性亲子关系的人更适合去交流，此时就可以明确地告诉孩子，在没有保护的情况下发生性行为是很危险的事情，一旦怀孕，身心都会受到伤害，而比怀孕更可怕的就是疾病，性行为会带来很多感染性的疾病，如尖锐湿疣、艾滋病等。并且应教会孩子如何采取避孕措施，如何正确使用避孕套等，家长不要觉得不好意思或者逃避，要知道这是对孩子的保护。

86
孩子偷偷看"黄色视频"怎么办？

现在的孩子们很早就开始接触网络，而网络上有关情色的内容，或是图片，或是视频是避无可避的。对于孩子们来说，他们无意接触到这些内容时，会像发现新大陆一样，会出于强烈的好奇心来观看，但又觉得这似乎是不被允许的行为，于是便选择偷偷看。

如果家长发现孩子有这个行为，千万不要直接制止或者斥责，孩子的自尊心是很强的，我们可以把他当成一个大人，平等地与他交流，本来被发现后他们的内心就会很慌张，甚至会立刻站在家长的对立面，此时如果不照顾孩子的心理，沟通是无法进行的。

当孩子开始以平和的态度交流时，家长就可以讲清利害关系，与他交流谈心，说明危害了。此外，如果孩子此前还没有接触过性教育的相关知识，此时也要开始了，可以选择一些适合孩子的性教育书籍，降低他们的好奇心，久而久之，孩子也会觉得偷看无趣，这种行为自然也就减少了。

87 哪些性教育的书可以推荐给孩子?

孩子来到这个世界后，每对父母都期盼着孩子健康快乐地成长的，但随着社会的发展，很多信息通过网络进入孩子们的世界，孩子被性侵也并不是偶然事件了。因此，对孩子的性教育并不是非要等到青春期才开始的，要尽早实施，教会孩子如何鉴别外来侵害，并有能力保护好自己的身体。

家长可以在正规书店中的"性教育"区选择适合孩子年龄的图书，比如《小威向前冲》讲的就是一个小精子变成宝宝的故事；《不要随便摸我》以问答的方式和实际的例子教给孩子如何判断性侵害；《绝对不能保守的秘密》就是教会孩子如何保护自己，拒绝不正当的触摸……

除此之外，家长还可以通过一些性教育宣传活动发现适合孩子看的书籍，特别要注意的是，无论选择哪本书，家长都一定要提前翻看把关，选择知识性、趣味性强的图书，同时避免一些劣质图书起到适得其反的效果。

亲子篇

第九章

给孩子一个成长空间

88 如何给男孩子装饰房间？

为男孩子装饰房间最好选择充满活力的方案，通过合理的搭配和布置，给孩子打造一个充满乐趣且舒适的生活空间。

在主题方面，可以选择孩子感兴趣的主题元素，如油画、海洋、运动等，不建议以动画片为主题；在墙壁、地面配色方面，以白色、蓝色、绿色等冷色调为主，与主题相协调就好；在家具选择方面，可以选择同色系的书桌、床、书架等，家具不要太复杂，选择简洁、明快的线条，打造一个干净利落的空间；在灯光和窗帘方面，也不要太过烦琐，用简约的灯具和窗帘即可，可以根据孩子的喜好添加一些小饰品，但不宜过多。

除此之外，家人可以根据孩子的近期的喜好，添加一些软装，比如用他最近喜欢的动画片主题做成照片墙，也可以适当用一些手办来装饰。总之，男孩子房间要以简洁为主，这样可以让房间充满活力，激发孩子的个性。

89
如何给女孩子装饰房间？

女孩子房间的布置要以营造温馨、舒适、可爱的环境为主，虽然女孩子的性格各有不同，有些性格偏向男孩子，但家长在为孩子布置房间时，最好还是要根据女孩子的特点，打造温馨的生活空间。

在主题方面，海洋、大自然等主题都很不错，可以选择粉色、紫色、橘色等，也可以根据孩子的喜好选择；在床品布置上，可以选择一些带有卡通或者花朵的图案，主色调以粉色、橙色等温馨的颜色为主；在家具选择上，女孩子的房间家具大多还是以可爱风格为主，窗帘可以选择蕾丝风格的，书桌可以选择圆角书桌，房间中最好再加上一个小小的梳妆台；在软装方面，女孩子的房间可以选择更多的小饰品，如鲜花、毛绒玩具、彩灯等，让房间的气氛更加的温馨、可爱。

总之，为孩子布置房间时，还是要以孩子的喜好为主，要根据孩子的性格，选择符合性格的搭配。

孩子是否需要"边界感"？

　　虽然亲子关系是最亲密的关系之一，但父母与孩子也是需要"边界感"，因为人的内心都是有一个关于自我的界限的。

　　孩子在1岁前，意识与妈妈共生，他们还分不清个体与个体之间的区别；但到了3岁，孩子的自我意识就慢慢建立起来了，他们已经可以分清自己与别人，虽然与妈妈的关系依旧很亲密，但他们有了"我"的概念。

　　而且，孩子3岁后家长也要有意识地培养孩子的"边界感"，帮助孩子建立起清晰的心理界限，适时地放手才是最好的助力孩子成长的方式。只有父母的爱有边界感，孩子心中也有分寸，亲子关系才能更和谐。给孩子独立的生活空间，对孩子的行为可以适当纠正，但不能时时干涉，这样的孩子才能活得独立而精彩。

　　"渐行渐远"是每一个聪明的父母该懂的道理。

91
孩子自己偷偷哭要不要去安慰？

孩子从 3 岁开始就已经有了自我意识，当他们情感受到刺激时，哭泣是一种发泄情绪的方式。一般来说，大多数孩子当众哭闹是为了引起关注，是希望得到某种满足和安慰；但如果孩子偷偷躲起来哭的话，立刻安慰就不是好的选择了。

孩子情绪波动很正常，他们偷偷哭是在宣泄自己的情绪，此时的他们也许并不希望有人打扰，也不需要父母前来对事件进行评价，父母可以让他们哭一会儿，等情绪稳定后，如果孩子主动过来交流，就耐心地听他们说一说，这便是最好的安慰了。如果想要针对事件来评价，那就要先转移孩子的注意力，等过一段时间再去帮孩子梳理，此时的孩子更容易认同，也能听得进道理。

但是，有一些家长，一看到孩子哭就表现得非常烦躁，觉得那是懦弱的表现，忍不住地想要去训斥，甚至打骂孩子，越是这样，孩子的情绪越会激动，哭得也会更强烈。因此，当孩子偷偷哭时，不要责骂，也不要漠视，此时孩子需要的是如朋友般的家长。

92
为什么孩子总是关着房间门？

随着年龄的增长，孩子的独立意识也会越来越强，所以，你会发现，那个小小的"黏人包"竟然喜欢自己待着了，他们渴望有自己独立的空间，也有了属于自己的秘密。

如果孩子喜欢关着房门，也不要太紧张，那是他们在为自己建立独立空间。可以偷偷观察一下，他们在房间中都在做些什么，只要不是做一些坏事，也不是自我封闭，便不需要干预。他们关上房门的举动，就是在告诉你，他们已经长大了，需要理解，也需要尊重。

有些时候，亲子关系处理不好，也会造成孩子把自己关在房间的现象。当孩子产生不满情绪把自己关在房间时，说明他们对家长的厌烦情绪已经达到了顶点。如果此时家长再横加干涉，只会适得其反，他们需要时间，需要自我安慰，关上房门的他们会更有安全感。所以，这种情况下，给孩子时间，让他们慢慢调节情绪，等过一段时间后再主动地与他们沟通交流。

孩子也会有隐私，保持适当的边界感更加容易获得孩子的尊重。

93
要不要告诉孩子家庭经济状况？

"是否将家庭的经济现状告诉孩子"是一个需要辩证思考的问题。如果从孩子的家庭观角度来讲，向孩子表明经济现状，可以让孩子更加了解家庭财务情况，适应家庭生活现状，并培养财务意识。

原生家庭是孩子成长过程中最重要的环境，而家庭经济现状直接影响着孩子的生活和成长。如果孩子对此一无所知，他们便无法理解且珍惜现在的生活，当有外来诱惑时，他们会因攀比心作祟，嫌弃家庭无法满足其需求。

孩子拥有财务意识很重要。现实中，很多的人都是因为缺乏财务意识才导致出现财产和债务等问题，如果孩子从小了解家庭的经济现状，那么他们在做一件事之前会最先考虑到财务状况，将来就会有一个理智而适合的财务管理模式。

其实，抛开一切因素，孩子作为家庭一分子，对家庭的各种情况包括经济现状都是需要了解的，这样，可以增强家庭成员之间的紧密联系和相互扶持的力量，哪怕家庭困难，也会成为孩子奋斗的动力。

94
离婚要不要征求孩子意见？

两个陌生人，能够相知相爱并组建成一个家庭很不容易。对于孩子来说，父母就是他们心目中的天地，能拥有一个完整的家，孩子的童年就是幸福的，他们会生活得更加舒适、快乐。所以，当夫妻二人的生活出现分歧，想要离婚时，需要慎重再慎重。

如果夫妻二人到了必须离婚的地步，那么对孩子也不需要隐瞒，可以征求孩子的意见，并让孩子明确地知道，离婚只是爸爸妈妈无法共同生活在一起，但爸爸仍是爸爸，妈妈仍是妈妈，爸爸、妈妈仍是这个世界上最爱他的人。比如，爸爸、妈妈可以和孩子一起坐下来谈一谈，然后一起告诉孩子："我们两个人准备分开住，也就是以后爸爸、妈妈不会在一起生活了，你以后会有两个家，爸爸家和妈妈家，你觉得可以吗？"理性的孩子会默默接受，情绪化的孩子可能会哭闹，但无论如何，孩子的心理都会有波动，沟通之后还是要继续关注孩子的情绪的。

父母在孩子成长的道路上，也不要因为夫妻的分离而影响到自己对孩子该负担的责任，孩子的未来还是需要双方共同承担的。

作为父母，我们确实没有必要为了孩子牺牲自己，委曲求全，有些超出原则、没有底线的事情确实不能被原谅。但是，也不要不顾及孩子的感受，轻易选择离婚，而是要好好经营婚姻，让孩子有一个健康的家庭。

95 如何保护孩子的"秘密"？

孩子虽然年纪小，但他们也是有属于自己的小秘密的，因此父母一定要给孩子留好私人空间，并帮他们保护好自己的秘密。

隐私意识在孩子很小的时候就已经形成了，他们明确地知道什么事可以让别人知道，什么事不可以告诉别人，也知道什么事需要只对父母讲。所以，孩子主动告知你他的秘密，并要求你替他保守秘密，说明他把你当成了亲密的人，此时，一定要做好那个"保密者"，哪怕觉得不需要保密的事情，也不能大肆宣扬。

孩子对父母的信任来源于父母的诚信，当父母失去孩子的信任时，做父母的威信也就随之没有了。

1. 关于保障孩子私人空间

每位个体均拥有私密空间，未成年人也不例外。因此，父母应尊重并保护孩子的私人空间，避免过度干涉。孩子的卧室即为其私人领域，若父母需进入整理卫生，应先行敲门或提前告知，并获得孩子的同意。涉及孩子的决策，应先与其商议，并尊重其所有权。当孩子不在房间时，父母不得随意翻阅孩子的物品及日记，理解并尊重孩子的隐私。

2. 培养孩子的保密意识

父母应教导孩子从小具备保密意识，明确何种事情可以与人分享，何种事情应保守秘密。当孩子的朋友向其倾诉秘密，并叮嘱其保密时，父母应教育孩子遵守承诺，而非四处传播，以免损害友谊，甚至导致被孤立。

3. 帮助孩子守护秘密

孩子的心灵世界丰富多彩，充满着各种想法和秘密。当孩子向你倾诉秘密时，父母应严格遵守承诺，保护孩子的隐私。孩子向你透露秘密，说明他们将你视为最亲密、最信任的人。然而，这并不意味着他们忽视自己的隐私权。若父母未能珍视孩子的信任，最终将失去在孩子心中的威信，孩子也将不再向你敞开心扉。因此，父母应尊重并保护好孩子的隐私。

亲子篇

第十章
沟通是解决问题的方法

96
孩子会理解父母的"为你好"吗？

孩子与父母之间的关系大致可以分为三个阶段：10岁之前处于依恋期，他们很乐于与父母保持亲密关系，有问题也乐于分享；10岁以后开始渐渐进入排斥期，自我意识更加强烈，总想摆脱父母的"控制"，开始远离父母；再过一段时间，孩子经历一些事情之后，或许是在成年后，也或许是在结婚后，就进入了理解期，开始体会到父母的不容易，想与父母亲近。

因此，孩子在很小的时候是无法理解父母的"为你好"的，很多情况下，他们认为的"好"就是顺应自己的心意，一旦不合心意，便会有意地回避，甚至开始与父母对着干。在这个时期，孩子与父母之间是无法和解的，互相不理解，互相看不顺眼。于是，很多孩子渴望离开父母的"控制"而选择住校或者去外地上学。

一般到了高中，孩子的心智发育到一定阶段，也经历了一些挫折，便进入开始理解父母的进程中，但这个进程可能曲折，也可能漫长，是需要等待与期待的。

97 孩子为什么总跟父母对抗？

不只是青春期的孩子，哪怕很小的孩子也会在某些情况下对父母存在抵触心理，这种抵触表现为各种形式，对抗是其中的一种。其实，这种对抗也是一个很复杂的问题，会受到自主性、发展阶段、寻求关注、情感表达等多方面的影响。

如果孩子已经出现对抗现象，父母最先要做的就是找到原因。如果孩子总是不定时地对抗，任何情况下都想对抗，那么他们争取独立、渴望自主权的可能性最大，此时，父母要给孩子独立的空间，让他们为自己的行为负责；即使孩子在某个阶段出现的对抗情绪较多，那也是他们成长阶段（如幼儿期、青春期等）的正常现象。

如果近期父母对孩子的关注度下降，但孩子一出现对抗的行为便极度关注，这并不是在纠正孩子的对抗，反而可能会让孩子的对抗情绪越来越多，因为他们觉得只有对抗才能引起父母的注意。这种行为与青春期爱打架的行为很类似，孩子对抗的目的是引起关注，所以出现这种情况后，父母应该反向对待：当对抗出现时马上远离；当对抗消失时马上亲近。

还有一种情况，孩子对父母的对抗实际上是他们情感的表达，他们并不会表达自己的坏情绪，只能以对抗的形式表达不满，所以此时父母要冷静、耐心地回应，让他们将自己的意见表达出来。

对抗是一种情绪，将坏情绪化解，才是解决孩子对抗的最好办法。

98
如何用便条和孩子建立沟通关系？

生活中很多事情，不是非要当面交谈才能被解决，特别是孩子，他们喜欢一些趣味性强且易操作的沟通方式，利用便条沟通便是其中一种。比如，当孩子总悄悄玩手机，妈妈在手机的屏幕上贴了一个小便条：你的小眼睛经得起我的考验吗？戴眼镜会不会影响颜值？再如，当孩子想给妈妈道歉，但并不想当面表达，他便可以将话写在便条上：妈妈，对不起让您伤心了，我以后会改正的。再如，当孩子一个人在家，父母可以将自己在家的安全注意事项写在便条上，让孩子一目了然……

一张小小的便条，可以建立起父母与孩子亲密沟通的桥梁，这种方式比父母反复唠叨要管用。而且，这种第三人称的转述，比父母直面说教更容易被接受，也不会将双方的情绪带进去。

这种小便条很方便使用，父母可以买一些便利贴来用，也可以将彩纸做成可爱的形状，更可以亲自画上可爱的图案，这样会更吸引孩子的注意力，更有亲和力。

99
如何正确地表扬孩子？

"好孩子是被夸出来的"这句话在很长的一段时间里影响着我们的教育模式，但这个"夸"并不是一味地表扬和奖励，而是让孩子们感受到爱，从而激发他们更加努力地去做好自己的事情。

在表扬孩子的时候，不要用一些空洞没有意义的词，比如"你真棒""真聪明"等，这会让孩子产生错觉，导致他们盲目自信；而是要对孩子表扬得具体一些，比如，"你独立完成了作业，做得真棒""你是一个懂礼貌的好孩子"……这种清晰的表达更能让孩子对自己行为的正误做出判断，而且也让孩子更容易接受。

对于不同性格的孩子的表扬也要不同。比如有些孩子本身就很自信，一味地表扬会让他们越发骄傲，此时的表扬就要更具体一点，引导他们正确地看待自己和别人，用一个正确的心态去面对成功与失败。但一些孩子性格内向、比较自卑，表扬就要尽量多一些，此时哪怕使用一些笼统的、泛泛的表扬语都没有问题，久而久之，他们的勇气和信心会越来越强，从而变得更优秀。

总而言之，表扬如春雨润物，不奢华，不盲目，却句句成就着孩子的优秀。

100 如何正确地批评孩子？

批评是孩子最不喜欢的，但如果孩子犯错，父母不去批评就没有办法去纠正，因此，父母要学会批评的智慧，既达到了教育孩子的目的，又能不伤害孩子，取得事半功倍的效果。

首先，父母在批评前要先让孩子说，在了解事情经过之后再做出判断。而且批评要只对事不对人，无论孩子犯了什么错，父母批评时要从事入手，到经验总结结束，不可以动不动就上价值，甚至给孩子贴标签。其次，批评要与鼓励相结合，父母在分析完错误产生的原因以及后期改正的情况后，要适当地鼓励一下孩子，比如"没关系，妈妈相信你下次不会再出现这样的错误了""犯错不要紧，重新再来我们依然优秀"……批评是为了让孩子变得更好，而不是打击他们的自信，让他们变沮丧。

批评也要选择恰当的时机。早晨刚刚起床不要批评，这样会影响孩子一天的心情；吃饭时不要批评，放下会不会影响到孩子的脾胃不说，饭桌上的批评在孩子看来就是一种变相唠叨，根本达不到批评教育的目的；在公共场合不要批评，孩子也是有自尊的，父母在熟人面前，或者在孩子同学面前批评孩子，会直接伤到他们的自尊心；睡前不要批评，会影响到孩子的睡眠质量，影响其生长发育。

总之，批评是一种教育，在恰当的时机，选择恰当的方式批评，才最容易达到教育的目的。

101
如何让孩子愿意与父母聊心事？

随着年龄的增长，孩子的自我意识形成，可能与父母的距离也越来越远。很多父母发现，孩子不喜欢与自己聊心事，其实这种现象并不完全是孩子成长造成的，也许他们之前渴望与父母交流时，父母以工作忙、家务忙等理由表示了拒绝，或者缺乏耐心，从而造成了现在孩子的远离。

所以，想让孩子与父母聊心事的第一步就是要愿意聆听孩子的心声，当孩子讲述自己所见所思所感时，父母要做好知心朋友，耐下心来，仔细地听，认真地感受。如果从孩子的倾诉中感受到了孩子情绪的变化，仍要静下心来，不要急于表达自己的看法，也不要急着去哄，只需要默默地陪伴着，让他们发泄掉情绪就好。

现在很多父母是可以做到认真聆听的，但听完后，往往不听孩子对事件的看法，直接表达自己的观点，对事情评头论足，甚至从事情"牵连"到孩子，把听到的、体会到的、总结到的，一股脑地用在对孩子的教育上。久而久之，孩子怎么可能还愿意与这样的父母交流？

把孩子当成朋友，让孩子感受到亲密而可靠的亲子关系，这样才可以保留他们倾诉的意愿。

孩子被冤枉如何处理？

父母与子女最佳的亲子关系是尊重而不放纵的，是平等而不专权的，所以如果父母因为自己的主观判断而冤枉了孩子时，第一反应便是要给孩子道歉。

很多时候，父母会因不了解真相，或者误会而错误判断，从而冤枉了孩子，其实这并不是什么可怕的事情，可怕的是父母碍于面子，选择搪塞过去或者没理找三分。这样的行为看似维护了为人父母的尊严，却对孩子造成了巨大的伤害，一是孩子可能会因受委屈而疏远父母，二是孩子以后为人处世会效仿父母的行为。

因此，及时真诚地道歉之外，还要尽量去弥补孩子受的创伤，与孩子多聊天来舒缓心情。也要告诉孩子以后要是遇到同样的事情，一定要极力争取自己的权益，坚持自己的观点，并且要想办法"还自己清白"。

良好的家庭氛围一定是和睦的，这样家庭氛围下长大的孩子会更有主见，会更强大。

103 和父母无法沟通孩子到底有多绝望呢?

　　孩子自出生那天开始,就与父母建立了世界上最亲密的关系,面对自己成长过程中出现的很多问题,他们也希望与父母去聊一聊,而且,哪怕世界上所有人都怀疑,只要有父母的支持,孩子也是自信的。

　　当孩子情绪低落时,父母是他们的阳光,能让他们瞬间充满力量。但是,就有一些"扫兴"的父母,当孩子与他们沟通时,总想着用"为你好"的托词,讲述一些人生经验,而这些东西是孩子无法理解的,也是最不喜欢的。人们常说父母是孩子第一任老师,所以,如果父母毫无教养,永远只会嘲讽和讽刺他人,永远只会否定自己的子女,对内强硬无比、对外唯唯诺诺的话,自然算不上合格的父母。孩子在这样的家庭中长大,会常常充满自卑,对自己提出不同的要求,形成一种讨好型人格,不易相信人,在人际交往中也异常敏感,极易受伤。

　　孩子的绝望不只是当前的情绪,还会成为影响一生的症结,无法被治愈。请俯下身来,耐心地听孩子说些什么,专心地交流吧,孩子需要情绪稳定的父母。

104
总想对孩子发火怎么办?

孩子在成长过程中,总有一个或者几个阶段,和父母维系着一种极微妙的亲子关系。孩子对父母保持距离,而父母总是能看到孩子的问题,抑制不住地想要训斥他们。这种情绪与心理因素有着直接的关系。

孩子是没有办法判断父母的情绪爆发点的,很多种情况下,就是你越看他不顺眼,想要训斥,他们反而更愿意在你面前转来转去,去触发爆炸。若是父母总想对孩子发脾气,就要先调整好心态,找到排解心理压力的方法,排解自己内心的苦闷。比如听一听音乐来转移注意力;或者吃一些自己喜欢的食品,安抚心绪;或者到户外去转一转,运动运动……

除此之外,父母还要知道,孩子还小,他们顽皮、不听话都是正常现象,孩子的"不优秀"也是一种当下状态,所以不要过度严格地要求孩子,要保持平和而稳定的心态,为什么不能给自己的孩子更多的包容呢?

亲子篇

第十一章

做孩子强大的心理医生

105 怎么缓解孩子考试前的焦虑?

焦虑是一种最常见的心理反应,人们对事件的重视程度越高越容易产生焦虑。大部分孩子在考试前焦虑是考试压力过大引起的,谁不想考出一个好成绩呢?

考试前,父母可以与孩子好好沟通,用聊天的方式来缓解孩子的焦虑情绪,同时改变孩子的学习方式,不要再给孩子施加压力,特别是临近考试时,父母只需要告诉孩子"尽力而为"就好,为孩子营造一个放松的学习和生活环境。

如果孩子的考前焦虑比较严重,比如每天都处于焦虑状态中,无法学习,甚至无法好好吃饭、睡觉,而且容易发脾气,甚至神经系统失调,此时父母就一定要找专业人士帮忙了。往往心理医生更能找到孩子的焦虑点,并做出心理干预方案,对孩子进行心理疏导,缓解孩子的焦虑。

总之,父母作为孩子最亲近的人,不单单要关心孩子的身体健康,更要关注孩子的心理健康。

106
孩子情绪低落需要怎么干预？

儿童时期是孩子情绪最不稳定的时期，孩子的情绪就像是易变的天气，可能随时都会变化。同样，孩子的情绪更像流动的水，一旦从心里流出来，如果遇到障碍无法通行时，只有两种选择：一种是改变方向，流过去；另一种就是回到内心。第一种就是遇到坏情绪时能得到良好的疏导，而第二种就是将坏情绪遣返内心，伤了自己。

当孩子情绪低落时，父母一定要做到：

1. 及时地发现，并及时疏导。可以与孩子聊一聊，帮助他们对父母敞开心扉，找到孩子情绪低落的源头，有针对性地解决问题。

2. 及时引导孩子通过积极有效的方式去发泄情绪。比如带着孩子来一场说走就走的旅行；再如陪孩子一起运动，一起画画、下棋等；还可以与孩子一起玩一些亲子小游戏；甚至可以陪着孩子一起大哭一场，或者找个情绪宣泄包捶打一番。

总之，在孩子情绪低落时，父母的情绪要先稳定下来，此时你是孩子"靠山"，父母的情绪价值越高，与孩子相处就越融洽，孩子的幸福感也就越强烈。

107
孩子情绪化严重怎么办？

造成孩子情绪化严重的原因有很多：有的孩子是因为抗挫折能力差；有的孩子是因为太过骄纵；有的孩子则是因为无法控制自己的情绪……无论是什么样的原因，孩子对情绪的控制能力都是可以被训练的。

对于情绪化的孩子，父母可以采用疏导的方式来纠正，让孩子了解，闹情绪并不是解决事情的钥匙，哪怕闹了情绪，事情还是摆在那里，仍没有被解决。同时，可以采用分散孩子注意力的方式来引导孩子缓解情绪。

当孩子情绪异常激动，比如大发脾气、砸摔东西等，已经到了无法沟通的状态时，家长先等一等，不要去制止。这种极端状态并不会持续太久，是间断性的，家长可以利用间断的空隙通过他们感兴趣的事物、音乐等分散其注意力，化解他们的暴躁情绪。

还有些孩子情绪化严重是他们对所处环境的外化表现，比如他们换了新环境，父母经常在孩子面前吵架，孩子总也得不到关注等情况，都会导致孩子的情绪不可控。如果是这种原因导致的，那先要改变客观环境，再针对孩子的情绪化状态进行纠正。

总而言之，当孩子情绪化严重时，"堵"不如"疏"，有针对性地疏导才是解决问题的关键。

108 孩子不敢在同学面前大声说话怎么办?

一般来讲，无论孩子在谁的面前不敢大声说话都源自于他们内心没有底气。举个简单的例子，没有哪个孩子在自己父母面前不敢大声说话的，除非是亲子关系不好，否则哪个孩子在家里都是"横行霸道"的。因此，如果孩子不敢在同学面前大声说话，可以从以下三个方面入手去干预。

1. 鼓励。平时家长多与孩子谈心，鼓励孩子主动与同学去沟通，同学的性格可能各有不同，有的热情，有的温和，但主动地去与同学聊天，同学都会回应，都可以成为很好的伙伴。

2. 交流。有些孩子不爱说话是因为他们根本不知道说些什么，所以家长可以教孩子如何去与同学交流，比如设置一些学校生活常见情景，与孩子一起模拟情景进行对话，当孩子心里有底气时，他们也就敢于主动去沟通了。

3. 见世面。平时可以多带孩子出去走一走，让孩子多与一些陌生人接触，孩子见过"世面"，自信心自然会增强，为人处世也会不一样。也可以让孩子邀请好朋友、同学到家里做客，孩子在熟悉的环境中更容易张开嘴巴，打开心扉。

109

怎么鼓励缺乏自信的孩子?

自信,来自内心的强大。有些家长对孩子过于溺爱,凡事喜欢代办,甚至包办,这就造成了孩子依赖性强。当他们离开家长的呵护后会发现自己事事落后于人,于是内心受伤,如果孩子自尊心强,那便很容易造成不自信;还有些家长对孩子要求很严格,总是喜欢用打击式的教育模式,导致孩子在给自己规划目标时很容易出现"冒进",制定很难达成的目标,结果完成不了会产生极大的心理落差,从而造成不自信。

因此,家长要选择科学的教育模式,这一点极为重要,与孩子的相处要保持平等,不要把他们当成孩子,可以与他们一起讨论喜欢的人、事、物,鼓励他们发言。比如,遇到陌生人,当孩子不主动打招呼时,可以鼓励他们更大胆,并教会他们如何打招呼。这个过程是一个心理突破的过程,家长一定要给孩子适应的时间。

此外,家长有时间就要带着孩子(特别是内向的孩子)去开阔视野,让孩子变得强大起来,有见识的孩子心中有丘壑,内心的强大才是自信的底气。

110
专注力低的孩子需要及时干预吗?

如果孩子对一件事情总是无法集中注意力，或者集中的时间很短，那是专注力低的表现，也是困扰很多家长的问题。孩子的专注力是分年龄阶段的，年龄越小，专注时长也就越短，一般情况下，2 ~ 3 岁，为 5 ~ 10 分钟；5 ~ 6 岁，为 10 ~ 15 分钟；7 ~ 10 岁，为 15 ~ 20 分钟；10 ~ 12 岁，为 25 ~ 30 分钟；12 岁之后，为 30 分钟以上。如果孩子的专注时长低于平均值，说明孩子的专注力低，需要及时干预了。

1. 幼儿时期不打扰、不中断。幼儿时期是孩子专注力的形成期，所以，他们也需要自己的时间，父母尽量不要去干扰，也不要去打断。比如，当他们集中注意力玩一件玩具时，你可以静静地观察，尽量不要加入其中，打断他们的专注。

2. 培养孩子有规律的生活习惯，在日常生活中，要让孩子有一个固定的作息时间，安排活动也要有规律，这更容易孩子集中注意力。

3. 多参与集体活动，比如研学、训练营等。这些活动都会给孩子布置明确的任务，有助于孩子形成合作意识，培养时间观念，提高时间管理能力。平时的生活中，家长也可以使用时间工具，比如闹钟、定时器等，在有限的时间内完成任务所获得的成就感也是有助于孩子专注力培养的。

111
孩子一冲动就自残怎么办？

有些孩子在和别人发生争吵、情绪激动、心情烦躁时会突然做出扇自己耳光、撞头等一系列的自残行为，这种行为是情绪问题的外化反应，说明孩子已经有非常严重的情绪问题了，需要进行及时干预和治疗。

当首次发现孩子有自残行为时，最先要考虑他是否在模仿谁，观察一下外在环境，看他的身边是否存在以自伤来发泄情绪的人，如果发现了要尽量远离。如果孩子模仿的对象是父母，父母要先纠正自己的行为，并告诉孩子，这种发泄方式只能对自己造成伤害，并不是发泄情绪最好的出口。

然后，在孩子的情绪激动时，父母不要再用语言、动作等行为刺激他，也不要去指责他的激动，要给予安慰，给予鼓励，可以带他出去走一走，让他们听一听喜欢的音乐等。如果孩子仍然很激动，他可能需要情绪发泄，父母可以帮他找一个情绪发泄的出口，比如让孩子在空旷的地方大喊，用发泄玩具来安抚情绪等。

如果孩子的自残行为已经很严重了，父母不要回避问题，及时带孩子就诊，请求心理医生的帮助。

112
孩子学习压力很大怎么办?

现代孩子所要学习和培养的知识、能力等有很多，除了学校的课程外，校外也有一部分课程，一些孩子在学习过程中感到学习压力大、学业负担重等，心理会出现压抑、焦虑等变化，此时，他们很需要身边能有个人帮助他们舒缓这种情绪。

家长作为孩子最亲近的人，在孩子学习的时候，要尽量给他们自己的空间，不要将自己的希望都"压"给孩子，也不要在一旁不停地唠叨；在日常生活中也要与孩子保持良好的沟通，让孩子安排好作息时间，劳逸结合，比如，当孩子觉得学习压力增大时，可以适当地放松一下，如听歌、听相声、画画、运动等。

同时，家长可以辅助孩子保持良好的生活习惯，要保证睡眠充足，不要熬夜学习；任务再多，也要给留足"喘气"的空间，任何事情都不是一蹴而就的；每天要好好吃饭，饮食营养要全面，要摄取充足的蛋白质和维生素，满足身体和大脑的需求……

如果孩子的压力已经很大，并且出现了一些抑郁、焦虑等心理问题，那么一定要及时带着孩子接受心理疏导，支持性心理治疗、认知行为疗法等都可以帮助孩子最大限度地舒缓压力。

113 孩子总是耍小脾气怎么办?

孩子耍小脾气往往源自其心理得不到满足,他们便试图通过耍脾气来发泄情绪,吸引关注。此时,父母最糟糕的应对方法就是呵斥、制止,采取这种处理方式可能会在短时间内使局面得到控制,但一定会对孩子后面情绪的处理造成影响,甚至影响孩子的成长。

当孩子突然莫名其妙地耍小脾气时,家长要先找到引起这种情绪的原因,然后"静静地看你耍小脾气",不用着急,也不要急于安抚,停下所有动作,静静地看着,让他们意识到自己在"耍小脾气"。大部分孩子会慢慢将情绪稳定下来,这时家长便可以去沟通了,帮孩子分析原因,找到最正确的解决问题的办法,让他们明白,耍脾气并不能解决任何问题;等孩子认识到问题所在时,家长可以再用语言鼓励、拥抱等方式进行安抚。

另外,也可以不关注"小脾气"本身,而是转移他们的注意力。孩子的情绪变化是很快的,他们的注意力被吸引后也就不再纠结于闹脾气的问题了。

当然,家长也可以教孩子控制脾气的方法,如数数法、握拳法等,让他们自己控制那乱跑乱撞的坏脾气。

114 孩子对别人总是充满敌意怎么办?

人的情绪很微妙,如果对方对自己有伤害的人,那么产生敌意很正常,但有些时候自己充满愤怒、焦虑、沮丧等负面情绪,也会影响我们对别人的态度及看法。因此,当你觉察到孩子总是对别人充满敌意时,最先要注意的就是孩子的情绪。

家长应引导孩子调整好自己的心态,要让孩子明白,人与人的家庭背景不同,所受的教育不同,人与人也就不同,不是所有人的做法都会合他的心意,所以,要有一颗开放、包容的心。当然,如果孩子总是对一个人有敌意,那就可以让孩子试着主动了解这个人,了解他的背景、经历,当更深入了解一个人时,敌意也会相对减轻;如果孩子因为不满意别人的做法而产生敌意时,可以让孩子换位思考,换做是自己会怎么做,也可以让孩子尝试与对方进行沟通,化解心中的敌意。

在抚养孩子的过程中,家长应注重方式方法,避免采取过于粗暴的对待方式,以免对孩子的自尊心造成伤害。当孩子无力反抗时,他们内心的愤怒无处发泄,很可能以消极的态度表达不满,进而形成敌对情绪。

青春期孩子身体发育加快,独立意识增强,但自身条件尚未达到成人水平,思想片面,情感波动较大。这些表现并不足以让家长将其视为成人,因此在遇到矛盾时,孩子往往通过反抗和敌对来展示自己的独立和坚强，这是他们内心对独立性的渴望。家长需认识到这一点，方能有效帮助孩子克服敌对心理。

不应过高要求孩子达到超出他们能力的学习目标，以免孩子学习压力过大，而使孩子用敌对态度发泄内心的不满。孩子的这种情绪不仅针对家长、老师和同学，甚至在烦恼时会对身边的物品或小动物发泄，如摔书、踢宠物等。

家长应引导孩子认识到敌对心理的危害，让他们体验到在这种心理下，内心的痛苦和不安。具有敌对心理的孩子往往将自身与他人置于对立位置，不利于人际关系的良好发展，容易导致心理上的孤独和寂寞。长期如此，会使得孩子与他人愈发疏远，对心理发展产生负面影响。

家长鼓励孩子积极与他人沟通，了解自我，是使孩子克服敌对心理的有效方法。同时，让孩子发展个人兴趣和特长，发挥自身优势，在学习之余从事感兴趣的活动，以消耗精力，避免敌对情绪的产生。

最后，孩子应多接纳自我，包括优秀的部分和不完美的地方，给自己积极的暗示，保持愉快心情，以减轻敌对心理，使外界事物对自己产生更多积极影响。

以上的方法都可以帮孩子将敌意消除，孩子在不懂得如何支配、控制自己的情绪时，父母一定要做好孩子的情绪调控师，帮着孩子将纷乱的思绪产生的心理变化梳理清楚，这样他们才能更快地学会处理自己的情绪，建立良好的人际关系。

亲子篇

第十二章
好孩子是『套路』出来的

115 什么是反向育儿？

区别于传统的教育模式,越来越多的家长学会了"反向育儿",这是一种体验式教育,孩子们通过亲身体验自己的行为带来的后果,就可以深刻地感受和理解错误的原因。

比如,外面大雪纷飞,但孩子非要穿着美丽的小公主裙出去玩,传统教育一定是家长阻止或者讲一讲道理,但"反向育儿"不是。"去吧,玩得开心哦!"爸爸妈妈会高高兴兴地把孩子送出门,然后自己裹紧羽绒服等着"小傻瓜"回来。当孩子哆哆嗦嗦地回来时,估计她以后再也不会大冷天穿小纱裙了。

"反向育儿"就是换一种身份,也换一种思路,爸爸妈妈举着"走孩子的路,让孩子无路可走"的大旗,在这条育儿道路上一路前进。哭吧,你躺在地上哇哇大哭,我坐在旁边喝奶茶;跑吧,你在前边疯了似地跑,我在后面大喊"宝宝不要妈妈啦,妈妈好可怜";你沉迷游戏,我也沉迷,沉迷到连饭都不去做,一起饿着吧……

116
如何给"小犟驴"顺顺毛？

每个孩子的性格脾气是不一样的，有些孩子表现出来的就是很倔强，人们常说："八斤重的大儿子，七斤半的反骨！"如果遇到这种"小犟驴"似的孩子，批评、夸奖起不了什么效果，不如试一试用"八卦"套路出柔情的好孩子。

"孩子爸爸，你听说了没，我们楼下的王阿姨被抓到派出所了！"妈妈说完，等待孩子的反应，此时孩子一般都会竖起耳朵来听。"大家不让她们跳广场舞，但王阿姨就是不听，在公园里哭闹，还打人！"此时，如果孩子已经能听懂故事了，就可以把话题转移到孩子上来："我们家孩子可不像王阿姨那样，如果别人说的是对的，我们孩子就会听！"

妈妈无意中一句话，让孩子气鼓鼓了，妈妈不用看孩子的生气模样，因为那是他们想让爸爸妈妈看到的，不如"八卦"一句："听说邻居一个老奶奶，总是生气，被救护车拉到医院去啦！"小小一句旁观者的"八卦"，在孩子听起来的感觉是"与我无关"，但他们却会自己做比量，不由自主地采取"有则改之，无则加勉"的态度。

117

不透风的"小皮袄"怎么养成？

在老百姓中间有这样一种说法，一个懦弱的孩子背后往往有一位严厉的母亲；一个勤奋的孩子背后往往站的是一位懒妈妈。孩子的性格形成阶段主要的生活环境就是原生家庭，所以如果你看到别人家的"小暖男""小棉袄"不仅体贴周到还细致入微时，就应该看看自己的养育方式有没有问题，与其讲什么感恩教育，不如用"撒娇"套路出一个密不透风的"小皮袄"！

当你说"宝贝，这个东西太重了，妈妈提不动"，你便拥有了一个有眼力价，看到妈妈辛苦就会过来帮忙的好孩子；当你说"这次分数有点少，可不可以下次考出一个好成绩来呀，妈妈想在朋友面前炫耀炫耀"，你便拥有了一个为了你的"炫耀"拼搏向上的孩子；当你说"哎呀，你一出去玩，感觉妈妈好可怜，都没有人陪了"，你便得到了一个有责任心的好孩子……

总之，"撒娇"是比较温和的教育方式，爸爸妈妈一撒娇，孩子的肩膀就会不由自主地打开，他们也很享受那份来自爸爸妈妈的"求助"。

118 如何唤醒藏在孩子心中的王者风范？

孩子"胆小"这个事如果要仔细论起来，还真的是在养育过程中一步步被"养"成的。幼儿出生后，心里没有"怕"这个词，哪怕被一个很大的声音吓哭，那也只是因为被"吓"了一下，并不证明他们怕这个声音。但是在养育的过程中，身边人一点点"教"会了他们胆小。比如，孩子学走路时，你在后面不停说"慢点慢点，别摔了"，于是孩子便记住了，走路要慢，要看清，否则会摔倒，这样你就会看到一个路不敢走、高不敢爬、沟不敢跨的"胆小鬼"；再如，你总在暗示孩子黑夜的恐怖，天一黑，便不能再出去玩，甚至吓唬他外面有什么，这样孩子就会"怕黑"了……

那么，在养育过程中，换一种暗示方式自然就会得到一个具有"王者风范"的孩子。比如，孩子怕黑，你可以说："唉，妈妈真的够不着灯，你开个灯好不好？"等孩子探出头时，就赶紧跟上表扬："真是一个小英雄，还好有你，妈妈真幸福呀！"此时，孩子肯定已经被你"捧"得不亦乐乎，哪里还记得"怕黑"这件事。

类似地，当带孩子外出吃饭时，你说："我不敢去要纸巾，谁来帮帮我呢？"当孩子不想做家务时，你说："啊，拖地真累，有位英雄来帮我就好啦！"当孩子写作业慢吞吞时，你说："太辛苦啦，你还在坚持，真了不起！"……父母这种"捧"的套路会让孩子越来越有存在感，是打败"胆小"的法宝！

119
怎么让孩子更加独立？

孩子在家有父母照顾，上学有老师照顾，甚至与同学相处过程中，也需要得到同学的照顾，一旦失去这些照顾，就像一个单纯又可爱的婴儿一样，无助又可怜！所以，当父母觉得孩子"为什么这么大了，还不独立"时，不妨问一下自己："你给他机会了吗？"

其实，孩子并不是没有独立的能力，而是缺少展现独立的机会，久而久之，便也习惯了"依赖"别人。想让孩子变得更加坚强、独立，不如从做一个"坏"父母开始。比如，孩子不好好吃饭时，一会儿玩，一会儿闹，父母也不要着急，也不用像专家说的那样直接把碗端走，引得孩子哇哇大哭，父母要做的就是赶快吃完自己的饭再吃掉他的饭，然后陪他一起玩，孩子高高兴兴，父母也高高兴兴，等他反应过来时，已经什么也没得吃了。如此反复几次，他就把自己的碗守得好好的！

再如，孩子作业写得慢吞吞，父母干脆上手把他的作业写了，然后写上自己的名字，放到自己的包里，告诉他："你的练习册我拿走了！明天交给领导批改！"如此几次，孩子一定就看好自己的练习册了。

总之，你可以睡懒觉让孩子自己倒牛奶喝，你也可以不定闹铃让他叫你起床送他上学，你还可以让孩子安排周末计划表……别总不放心他们，孩子的潜能是无限的，你只有放开手中的线，他们才能有飞的机会！

120 怎样使孩子眼里有光?

现在很多孩子眼中没有光了,因为他们一直在被父母监督、接受父母安排,有些父母觉得孩子一天天懒洋洋的,没有一点精神,不如问一下自己: "如果你面前是一条早已经被铺得平平的路,还需要探索吗? 需要思考吗? 还有惊喜吗? 会觉得走得很有趣吗? "

比如,家长陪孩子写作业这件事,不知道是从什么时候开始普及的,但这项"任务"真的很鸡肋。孩子自己的任务,为什么不让他们自己去完成呢? 孩子每做一道题,都会想: "我有没有错? 妈妈怎么不说话? "于是,他就会变得慢吞吞,你越凶,他就会越慢。

孩子的事就让孩子自己去完成,你要理解孩子为什么慢慢吞吞,也要理解孩子的作业会有错误,他们不就是在犯错与修正之间得到成长的吗? 再比如,孩子遇到困难,你可以说: "我知道你很着急,想寻求帮助,放松一点,再想一想吧! "要给孩子留足突破自我的机会,等待的时间越长,未来成功之后的成就感也就越大!

总之,孩子眼中的光是在一次次磨砺后被点燃的,父母可以助"燃",但不可以代"燃"!

121

兴趣对孩子的成长很重要吗?

童年是一个充满梦想的时期,梦想就像一粒种子,种在小小的人的心里,如果学校、家庭可以找到这颗"种子",也就找到了促使孩子成长的密码,而这颗种子没有发芽前的名字叫"兴趣"!

用"兴趣"可以激发出孩子的积极性,比如,这样问孩子:"我们周末要去看那场你最爱的电影,你的作业什么时候写完呢?"不出所料,下一秒你就会看到一个分秒必争写作业的孩子。因为感兴趣,所以能为了它"付出"!

保护"兴趣",梦想就在未来。如果家长知道孩子对什么很感兴趣,就要抓住这个兴趣点,但并不是将"兴趣"变为目标。就如我们成年人一样,当你的兴趣变为工作时,估计也会吐槽工作的辛苦吧!比如,有些家长看到孩子爱弹琴,便报个钢琴班,让孩子拼命练习考级,结果孩子对弹琴再也提不起兴趣。因此,如果孩子喜欢弹琴,报班没有问题,但不要过于功利心让孩子考级,当孩子对自己的弹琴技艺相当自信时,考级不用你催他也会自己去试。

"兴趣"可以助力成长,无论未来职业是什么,发展如何,"兴趣"一定是孩子实现梦想的动力!

122
孩子越夸越优秀吗?

心理学中有个著名的效应叫"罗森塔尔效应",它的另一个名字是"期待效应",也就是说,当你对孩子鼓励和赞赏时,就会形成一种心理暗示,暗示孩子一定要向鼓励和赞赏的方面去发展,孩子便会变得积极向上,自信且优秀。这也是很多育儿专家推崇"赞赏教育"的原因。

但是,"赞赏教育"也是有弊端的,我们只有扬长避短才能将这种教育模式应用好。所以找到关键点很重要,而鼓励和赞赏的语言就是这个关键点。不要对孩子说:"你真棒!"而要说:"你获得了老师的表扬,做得很棒!"不要对孩子说:"你真勇敢!"而是要说:"能主动上台讲自己的故事,你是个勇敢的孩子!"……

实施"期待效应"时,一定要给孩子一个明确的期待,不是模糊的概念,这个明确的目标是孩子可以达到的,也不可以把目标定得太高。比如,当孩子考了一百分,不要说:"真棒!下次再考一百啊!"孩子接收到的不是期待,而是压力,你可以说:"哇,竟然考了一百分,不知道下一次会考多少分呢?等待你的好消息哦!"

总之,孩子是适合有一个明确的"期待"目标的,用一种可执行、可完成的原则"夸"出来的孩子,必然是优秀的!

123 怎么用"反话"激活叛逆宝宝?

不是到了青春期孩子才开始叛逆,孩子因为年龄小,情绪不稳定,叛逆的行为几乎无时无刻不存在。比如,商场中因为不给买玩具孩子躺地就哭;在家里不爱写作业等。此时,与其哄他、凶他,不如用"反话"来激活他。

商场中,孩子为了想买玩具开始哭,妈妈在一旁喊加油:"哭呀,我觉得你一定是一个不怕丢人的孩子!"孩子最开始可能会继续哭,甚至声音变大,你再补一句:"好好发挥啊!别人都哭不了你这么大声!"孩子也是知道累的,如果此时他们的叛逆情绪上来,心里就会想:哼,你让我哭,我偏不哭!

孩子闹情绪不写作业,父母说:"那不写了,写这个干吗,你又不需要老师表扬,也不需要向同学证明自己!支持你!"

还有些孩子爱顶嘴,父母可以在他顶嘴的时候突然顺着他说。他说:"就不!"那就说"好!"孩子的叛逆行为源自情绪,行为只是表象,说白了他们就是想与你对着来,那你用"反话"不正好就把他给"正"过来了吗!

家校篇

第十三章

教育理念适合最重要

124

孩子一定要样样争第一吗？

争，是孩子在成长过程中自然产生的一种表现，孩子都是喜欢被表扬，喜欢为人先的，竞争可以产生动力，在步步争先中成长起来的孩子会以更积极的态度去面对自己的未来。但是，"争"是一种态度，"第一"并不是最终目的，也不能用"第一"来定义成功。

家长要注重培养孩子的价值观，鼓励他们竞争，让他们明白现代社会本就是一个竞争的社会，只要不往前跑，就会被甩在后面，在向成功彼岸奋勇前进的过程中，努力、坚持、不服输的品格比"第一"更有价值。

同时，家长还要告诉孩子合作的重要性。虽然人人都在"争"，但竞争也有合作，并不是把对方都打倒，只有相互支持、相互帮助，才能共同进步，这才是一种健康的竞争氛围。成功的价值不在于名次，而在涵养品德和人格，通过自己的努力取得的成就才更值得骄傲。

最后，要告诉孩子尊重对手，每个人都是有优缺点的，每个人都有自己值得骄傲的东西。在"落人后"时不自卑，不放弃，付出总会有收获；当"为人先"时不骄傲，尊重对手，如此才能更踏实地一步步前进。

125

棍棒之下真的可以出孝子吗？

"棍棒底下出孝子"是中国古代的家庭教育观，意思是家长教育子女要严厉，不能放纵，甚至可以殴打、责骂，觉得这样才能培养出孝顺的孩子。这种教育观并不适合现在的社会：古代君臣父子等级制度严明，以"顺"为先，棍棒底下学会顺从看似有些道理；但现代社会却不一样，"孝"的前提是实现自己的价值，父母因子女价值实现而骄傲。勇敢且有创造力的孩子才能更好地发挥出自己的价值。

孩子在成长过程中难免会犯错，"棍棒"教育也许会在短期内取得一定效果，但从长远来看这种教育方式会留下很多"后遗症"。如，孩子越被管越"皮"，对亲情淡漠，总是当面一套背后一套，或者性格内向、怯懦等，都可能是这种错误的教育方式造成的，而且这种伤害是不可逆转的。因此，最好的教育方式是严慈并济，孩子是一个独立的个体，并不是父母的附属品，教育的前提是尊重，父母与孩子共同成长的家庭教育方式教育出来的孩子才会更优秀。

126 鼓励式教育有哪些问题?

鼓励式教育,也称为"赞赏教育",也就是无论孩子做了什么事情,家长都先"表扬""鼓励""夸赞"一番,将孩子捧得很高很高,以为这样教育之下的孩子会更加自信。但事实却恰恰相反,这种如"捧杀"般的教育扼杀了孩子对自己的判断力,孩子的承受力、受挫力等都无法被建立。

而且,鼓励式教育还容易导致极强的逆反心理,在心理学上有一种超限效应,也就是说如果被刺激者接受过大量的刺激,当刺激增强到极限,或者作用时间过长时,就会让被刺激者产生不耐烦或者逆反的心理。举个最简单的例子,孩子从 3 岁就开始被表扬,到了 18 岁时他们已经听腻了各种鼓励,已经不会再有最初受鼓励时产生的成就感了,甚至听到鼓励都会烦躁。

鼓励如美食,偶尔吃一吃觉得美味,但一直吃的话也就成了饱腹的食物而已。让鼓励成为孩子成长的加油站,家长必要时给予孩子支持和鼓励,才会产生最佳动力效果,增强孩子前进的动力。

127
如何给孩子树立一个好榜样？

榜样的力量是无穷的，而父母是孩子最容易靠近的榜样，也是最容易模仿的榜样，所以父母一定要给予孩子高质量的陪伴，言传身教。

第一，父母把手机放下，与孩子一起去游戏；第二，父母回家就把工作放下，参与到孩子的日常；第三，父母控制好自己的脾气，让孩子看到情绪稳定的父母；第四，父母与孩子交朋友，把他们当成家庭成员，平等沟通和交流……

总之，父母要给孩子树立正向、积极的榜样形象，在陪伴孩子的过程中，要有恒心、有毅力，不能三天打鱼两天晒网。更要时时规范自己的行为，言出必行，时刻提醒自己，为孩子树立一个好榜样。

128 为什么孩子总是听不进道理？

　　一般来说，并不是孩子不想听道理，也许他们现在根本没有能力接受这些道理。长篇大论迅速填满孩子的短时记忆，导致道理不能被转化成记忆；而且他们认知力不足，并不能完全理解那么多抽象的话；再加上父母道理讲得过量，孩子产生厌烦心理、逆反心理，当然就会听不进道理了。

　　孩子的注意力集中时间不像成人一样那么长，幼儿阶段有5～6分钟，到了小学阶段时，也就能集中10～15分钟。所以，父母在跟孩子沟通时，要简明扼要一些，只讲重点，不要罗列一大堆；沟通的时间也不要太长，尽量保持在他们的注意力范围内；如果是批评类的，道理不是关键，关键是引导孩子发现错误，反思错误。

　　总之，道理孩子会一点点慢慢知道，父母不要急于一时，更不要强制灌输。

129
观看反面教材真的可以让孩子受到正面引导吗？

大多数情况下，正面引导的方式更容易起到"示范"的作用，这种教育方法能够给孩子指出正确的方向。但是，有些时候反面教材的出现更容易刺激到孩子，如果家长适时地拿出这些反面教材进行反面教育的话，效果也会很不错。

运用反面教材将未发生的事件在孩子面前演示出来，对孩子来说是一次感官的刺激，大多数孩子会感到震惊，从而产生类似灭活类预防针的效果，当孩子以后遇到类似情境时，便可以做出正确抉择。这个社会还是比较残酷的，总不能让孩子总是用"吃一堑"的方法来"长一智"吧，所以反面教材可以让孩子更好地辨别真善美，把伤害值减到最小。

其实，无论是哪一种教育方式，都不能太过极端，而且教育方式最好也不要过于单一，否则孩子也是容易产生"抗药性"的。

130
"放养"的孩子真的适应力更强吗?

当代很多孩子都在"圈养"中成长,家长以不想错过孩子的成长为"理由",便像监控一样随时随地地干预孩子的生活,帮他们铺路,帮他们做决定,这种温室中的"小花朵"当然经不起风雨的洗礼了!于是,很多家长便选择了"放养",放手让孩子自由成长,觉得这样的孩子更独立,适应力也更强,但却忘记了"放养"不是"放纵",因此,要想让孩子更优秀,"放养"的方式一定要正确。放养教育旨在培养孩子的独立性与自主性。在这一教育模式下,孩子拥有更多的自由时间和空间来决定自己的行动,进行独立思考并解决问题。家长的角色更多是为孩子提供必要的指导与资源,而非主导他们的决策,从而让孩子在探索与决策的过程中,培养自信与责任感。

放养教育重视实践与体验。孩子通过亲身体验与实践来获取知识与技能。家长应为孩子的适应力创造多样化的实践机会,如参与社区活动、户外探险、参观博物馆等,让他们亲身体验与了解世界。这种教育方式有助于激发孩子的兴趣与好奇心,培养其实践能力与创造力。

放养教育关注孩子自由发展与个性塑造。每个孩子都具有独特的个性和潜力,放养教育为孩子们提供了一个更加自由的环境,以发展和展示他们的个性。家长应尊重孩子的兴趣与才能,鼓励他们追求梦想与目标。

放养教育强调人际交往与合作能力的培养。在这一教育模式下，孩子有更多机会与他人交流与合作。家长可以鼓励孩子参与团队活动、社交聚会等，让他们学会与他人合作、交流并解决冲突。这种教育方式有助于培养孩子的人际交往能力、合作精神以及团队意识。

放养教育有助于培养孩子的适应能力和自主学习能力。在这一教育模式下，孩子需要独立做出决策并解决问题，面对各种挑战与困难。这使他们具备应对未来各种情况的能力。

"放养"是一种放手的教育方式，但家长在放手之前先要"授之以渔"，没有哪个孩子是不用学习自然习得的，比如，家长想让孩子自己去上学，就要先教会孩子如何上学，要坐几站地车，都有哪些地方需要特别注意交通安全，以及路上可能出现的危险等，都需要一一告知孩子，如果单凭孩子自己去探索，是无法完成的。

当然，"放养"除了放手之外，最重要的是让孩子自主做出决定，自主意识在孩子3岁时就已经慢慢形成了，此时家长就不需要再把他们当成一个小孩子，而是要作为家庭成员去对待，遇事要征求他们的意见，让他们做出自己的选择等。

131

"穷养儿"观念中儿子如何穷养?

古语说: "穷养儿, 富养女。"很多人认为"穷养儿"就是不给男孩子零花钱, 也不给买帅气的衣服, 吃饭不让挑三拣四……这是完全错误的, "穷"指的"艰苦"的意思, 也就是在艰苦的环境下磨炼他的意志, 让他有克服困难的勇气、吃苦耐劳的品格、努力上进的精神以及顽强坚韧的品质。

这样来说, 儿子又该如何"穷养"呢?

第一, 让孩子养成勤俭节约的好习惯; 第二, 培养孩子独立生活的能力, 让他能够照顾好自己; 第三, 让孩子多多参加体育运动, 提高抗挫力, 将打击变为动力; 第四, 从小就锻炼孩子心性, 提高其情绪稳定性。

男孩子长大后, 无论对社会, 还是对家庭都要有责任感, 适当地"穷养", 孩子小时候所受的"苦", 都会变成未来所享的"福"。

132 "富养女"观念中女儿如何富养?

有人说:"女儿应该富养,让她们吃过见过,将来长大就不会被人用一点点好处就骗走。"这话很有意思,但也不是没有道理,但是"富养女"不是指让女儿吃好穿好生活好,而是让女儿"富见识",见过了大海的人怎么会痴迷于一条小河?

穿名牌、吃高档餐厅,在物质上有求必应等养育方法不是"富养",而是骄纵,这样养出的孩子只会对物质痴迷,还容易拜金、攀比心强。"富养"要养品格,让女儿拥有高尚的品格,高贵的气质;"富养"要养眼界,带着孩子去见一见世面,到大自然中感受祖国山川之美,到市井胡同中看一看人间百态,让孩子具备识人的能力。

"富养"还要创造一个"富"的环境,女孩子的心思是极细腻的,夫妻关系的和谐,亲子关系的融洽,生活在家庭温暖中的孩子要远比享受优越物质生活幸福得多。

奖惩制下孩子真的会更积极吗?

奖励,可以有效地激发孩子的主动性和积极性;惩罚,目的是起到警醒作用。奖惩制度下的孩子错误随时被纠正,对待任务也会更积极。但是,奖惩制度也要运用恰当,否则孩子就会变得很功利,或者学会钻制度的空子,反而造成不良的后果。

奖惩制度制定要明确,要科学,奖励以表扬、鼓励为主,可以是口头上的,也可以是物质上的,还可以是特殊待遇,从而激发孩子的进取心;惩罚标准要严格,可以定"红线",一旦孩子有跨过"红线"的不良行为,就要给以适当的惩戒,而且惩戒的力度要与孩子所犯的错误相匹配,目的是让孩子认识到自己的错误,并以此为戒。

家校篇

第十四章

成为孩子人际关系处理的助手

134

孩子被同学孤立了怎么办?

孩子在集体生活中，难免会遇到这样那样的问题，被同学孤立是最常见的一种。当家长得知孩子被孤立时，最先做的不应是训斥孩子，也不是找老师、同学来"评理"，而是耐心与孩子沟通。

与孩子好好谈谈，如果是遇到了校园霸凌似的孤立，就要将问题的严重性反馈给老师，请求老师及学校的帮助；如果孩子只是最近没了朋友，就要弄明白是孩子自己的行为、性格还是说话方式造成的，也就是说孩子要先从改变自己做起。

找到问题后，鼓励孩子主动和同学交流，可以在小组活动中多与同学沟通，也可以多参与比赛、社团活动等，表明自己想要参与其中的心意，一般情况下，同学互相了解性格、脾气后，是很好融入集体的。

同时，多带孩子参加一些社会活动，增强他们的社交能力，帮助孩子找到处理好人际关系的方法。

135
孩子被同学取外号了怎么办？

被起外号，似乎是每个人童年都会经历的事情，有些人并不在意，甚至顶着外号乐此不疲，但有些人却极反感。如果孩子很反感同学给自己起外号的话，可以试一试下面的方法。

第一，直接与对方沟通，告诉对方"你给我取外号，我很不高兴"，从而表达出自己的意见，请对方停止；第二，如果沟通不起作用，那可以寻求帮助，比如老师、班主任等都可以作为帮手，请他们介入这个事情并进行处理；第三，如果该情况屡禁不止，就可以向学校举报，或者向有关部门举报。

也就是说，当别人的行为干涉到自己的生活，影响到自己的情绪时，那就不要客气，要勇敢地表达出来。其实，被取了外号还可以一笑了之，因为你越是在意，就越是容易引起别人的兴趣，而如果你有强大的自信心，并不在意，那么他也会觉得无趣，时间久了也就不会再提了。

136
文具总被同学抢走，孩子该怎么办?

文具被抢，是小学生活中常常发生的事。孩子文具被抢，错在对方，这毋庸置疑。很多家长在听到这个消息时，第一反应就是生气，不只是因为丢了文具，还因为孩子的"懦弱"，甚至还有可能找到学校去为孩子主持正义。其实这些都是不理智的，我们可以保护孩子一时，难道可以一直保护下去吗? 所以，遇到这种事情，最重要的是让孩子学会处理。

可以鼓励孩子先与对方沟通，如果对方态度良好，能够归还文具便可以顺利解决; 如果对方表现得态度强硬，那就告诉孩子，鼓足勇气，义正词严地告诉对方: "你这种行为是不对的，你要是不归还，我也不会就这么忍了，我会请求老师、家长介入。"放手让孩子自己去处理，其实，要回文具不是目的，而是要让孩子知道自己的权益需要自己去争取。

137
孩子的东西总被别人弄坏怎么办?

孩子从上学开始，就进入了集体生活中，磕磕碰碰必然是难免的，如果孩子的东西总是被人弄坏，家长一定要保持冷静，先与孩子聊一聊，问问东西的损坏程度，损坏地点，再问一问是不是某个特定的同学给弄坏的等，等细节了解清楚了，再进行下一步行动。

首先，家长帮助孩子分析一下，是因为那个同学喜欢恶作剧，爱捉弄人，还是因为自己的东西保管不当；然后再分析一下对方的动机。如果东西没有被保管好，那么教会孩子妥善管理自己东西的方法；如果是同学的恶作剧，可以与老师沟通，必要情况下联系对方家长进行教育并索取赔偿。

事情处理好后，要对孩子进行再教育，让他明白自己的东西是很重要的，是需要被妥善保护的，从而教会孩子爱惜物品；同时也要让孩子明白，在学校遇到问题后可以直接求助老师，感觉到自己被欺负时更要第一时间求助。

138
孩子总被同学取笑，该如何处理？

面对同学的取笑，孩子的心理是受伤的，有相当一部分孩子会觉得很无助，还有一部分孩子会选择与之对抗。其实，面对同学的取笑，孩子应该正面应对。

首先，教育孩子可以尝试和他们沟通，有些时候，同学的取笑可能就是他们的社交方式，他们自己并不觉得有什么过分；但如果经过沟通，他们依然故我，这时就可以勇敢地告诉他们："我不喜欢你们这种玩笑，请你们注意自己的言行。"

其次，可以找到他们取笑的源头，也就是找到被取笑的点，去反思是否真的惹人嘲笑，如果是，那么就做出改变，让自己变得更优秀。也可以去寻求同学、老师、家长的帮助，及时制止对方的行为。

最后，无论同学怎样取笑，都不要被他们打倒，心理强大才能百毒不侵。

139 孩子总喜欢打小报告怎么办?

告密，是小朋友最喜欢做的事情，他们觉得自己的"告密"可以引来老师的关注，根本就不会想到这种打小报告的行为很不讨喜。

一般情况下，一个富有正义感的孩子也是最爱打小报告的，因为他们面对别人的不正确行为时根本就受不了，他们急需出来"主持正义"，所以对于这一类孩子要先肯定他的行为，赞扬他的正义感，然后再考虑如何纠正。

家长可以告诉孩子，你觉得别人做错了但也许你是错的，任何人没有权力对别人的事指手画脚；而且，遇到事情后，要学会自己去处理，可以寻求帮助，但不是事事都要寻求帮助；可以寻求关注，但只有自己变优秀才能真正地引起大家的关注。

140
孩子总悄悄骂老师怎么办？

学生与老师的关系是很微妙的，说亲近吧，始终隔着"师生"关系；说不亲近吧，一天中与老师在一起的时间比和爸爸妈妈还要多。因此，孩子悄悄骂老师，说明一定是哪个环节出了问题。

遇到这种事情，家长不要打骂、呵斥，也不要听信孩子骂的话，冷静下来，与孩子聊一聊，找一找他们骂老师的原因，只有这样才能更快更好地找到方法去引导孩子。如果孩子对老师有意见，家长也可以与老师聊一聊，了解孩子在学校的情况。

了解情况，排除掉老师的问题后，针对问题对孩子进行引导，让他去理解、接纳老师。同时要告诉孩子："如果你不喜欢老师，那可以只听老师的课程，而不与老师多接触，但是，骂人是不对的，这种行为在别人看来是很没素质的。"

如果孩子一时没有办法被纠正也不要勉强，以免激发出他们的逆反心理，可以让时间去解决所有的问题；如果孩子只是单纯地觉得骂老师很酷、很好玩等，家长就要以正确的价值导向来引导孩子，明确地告诉他们这并不酷，也不好玩。

141
孩子被老师当众批评怎么办?

批评,是最常见的一种教育方式,孩子们很容易接受;但当众批评这种教育方式就有所欠缺了,那是一种令人很不舒服的情感体验。如果孩子被老师当众批评了,家长最先做的事情是安抚,其次才是教育。

虽然俗话说"当面教子,背后训妻",但现在的孩子自尊心都很强,当面训诫会让孩子的自尊心受挫,所以哪怕是批评孩子,也应该选择他们最容易接受的方式进行。如果孩子被当众批评了,那么可以让他稳定好自己的情绪,深呼吸放松身心,然后再去思考一下自己被批评的原因,并引导孩子的思考方向转向为什么自己会受批评,以及自己如何改正错误上,不要纠结于"当众"还是"背后"受批评。

这种时候,家长也要稳定好自己的情绪,不要过分解读老师的行为,当众批评并不是故意给孩子难看,而是一种教育方式,目的只是纠正孩子的行为。

总之,被老师当众批评是一种很不舒服的体验,但也是一次学习和成长的机会,也许经历了这场批评风波后,孩子的受挫能力就会显著增强呢!

142
孩子对长辈没礼貌怎么办？

尊重是人与人之间最基本的礼貌，现在很多孩子从小在家人的宠溺中长大，过惯了说一不二的日子，心里便觉得"唯我独尊"了，所以，他们并不是对长辈没礼貌，而是他们并不知道长辈需要被"尊重"，对长辈要讲礼貌。

如果发生这种情况，父母最先要做的就是找到源头，让孩子明白人与人之间最基本的"尊重"是什么，明白长幼有序，孝老爱亲的道理；同时，要言传身教，起好带头作用，孩子的模仿能力很强的，父母对长辈很尊重，孩子也会跟着模仿起来；而且，在幼儿时期就要注重对孩子文明礼貌的培养。

还有一种情况，父母因为工作很忙，把孩子丢到辅导班、兴趣班中，亲子间缺少沟通，所以孩子对家庭的概念、对长辈的印象就会比较淡漠。因此，父母可以将工作与空闲的时间合理安排一下，抽出时间来与孩子相处，这样不仅可以及时纠正孩子的行为问题，还可以给孩子创造出健康、快乐、温暖的成长环境。

143 孩子不喜欢与同学来往怎么办?

在 3 岁前,孩子主要玩耍的伙伴是父母、家人;3 岁后,便开始有了合作游戏的意识,喜欢和同龄的小伙伴在一起玩。如果孩子长大后不喜欢和同学来往,有可能就是孩子在"伙伴"意识形成期,没有得到相应的满足,影响了他们社交能力的形成。

因此,当孩子出现不喜欢与同学接触的情况时,家长首先要仔细思考一下:假如是幼儿时期遗留的问题,那就要尽力创造条件,并大力地鼓励和支持孩子与同学交流,提高孩子的交流沟通能力;假如孩子社交受挫,就要及时帮他们分析原因,消除他们的害羞、畏惧等心理,尽量帮助他们找到解决的办法,教会孩子该如何处理当前的问题。

当然,我们也不能排除另一种情况,那就是孩子有可能是受到了同学的排挤,如果是这种原因,我们更要主动地与孩子沟通,与班主任沟通,与学校沟通。

144

孩子过于单纯总被骗怎么办?

孩子本来处于单纯的年纪,识破骗局的能力差也很正常,但是,如果总是被骗,那就需要父母提供帮助了。下面就让我们结合被骗原因,找一找应对办法吧。

第一种,是孩子太善良,总是过于相信别人。家长可以带着孩子认识更多的人,参与更多的事,拓宽他们的交友圈子;同时,与孩子一起观察这些人和事,培养孩子的辨别能力,让孩子明白世界并不像童话中那样黑白分明。

第二种,过度重视别人的看法,怕别人对自己失望。对于这类的孩子,家长首先要教的就是"理智",即不要过分地在意别人的看法,其次告诉孩子,过程比结果更重要,降低孩子对自己的期望值。

总之,无论是哪一种,家长都要培养孩子的独立思考能力、分析辨别能力,不要总是责怪孩子单纯,经常抽时间陪孩子一起去经历、去总结,帮孩子去"排雷""避坑"。

家校篇

第十五章

家校沟通「问」什么

145
孩子在学校与同学关系好吗？

家校沟通，并不是只询问孩子的学习情况，因为孩子在学校中除了课业之外，还有很多东西需要学习，如询问孩子"在学校与同学的关系如何"，对孩子的社交能力和人际关系做一简单了解。

如果老师觉得孩子的"人缘"不错，与同学相处得也挺融洽，那说明孩子在学校是有归属感的，是被群体接受的。

但是，如果老师的回答是否定的，家长就一定要注意了，那说明孩子并没有完全融入学校这个大集体中。与同龄人交往少的孩子会变得情绪不稳定、没有自信心、缺少积极探索的意识，从而被边缘化，影响成长。

因此，家长要鼓励孩子去交朋友：勇敢地开口去跟同学打招呼，见同学在讨论问题就大胆地参与进去，有些事情需要集体做时就招呼同学一起做……与伙伴共享的集体生活会增加他的一份快乐。

146 上课的时候专心吗？

现在家长对孩子的期望值很高，也很关心孩子的学习，但却很少有人问起孩子的上课状态，都拿着成绩说事儿，并急切地想知道为什么孩子考得那么低。其实，孩子的学习成绩如何可以直接从上课状态中看出来，上课专心、注意力集中的孩子成绩一定也差不了。

孩子的上课状态不好，总是走神、做小动作等都是可以被纠正过来的，就是要提高孩子的专注力。一般情况下，成年人的专注力可以保持 30 ~ 45 分钟，孩子的专注力也可以达到 15 ~ 30分钟，家长无论是给孩子进行感统训练项目还是通过具体实践训练，都不要超过这个时长，保持在时长的高值就可以了，否则会因超出孩子的能力范围而引起孩子情绪的变化。

除了训练外，当孩子做一件事情时，可以用"切蛋糕"的方法，将大任务分开来做，这样对于每一个小块的任务，孩子都是专注的，一段时间后孩子的专注力自然就会得到提升。

147 作业完成情况如何?

完成作业，是学生的任务，不仅是为了取得好成绩，更是一种培养学生自律能力和责任感的重要手段。

孩子的作业完成得好，说明孩子的独立思考能力和解决问题的能力是很强的，而且说明他一定是一个自律的孩子，目标明确。但如果孩子的作业完成得不好，家长可要重视起来了。

首先，与孩子好好谈一谈，了解孩子作业未完成的原因，有针对性地解决问题。

其次，可以试着改变孩子的写作业环境，打造一个专门的"作业室"，或者给他一张"作业桌"，表达一下父母对他们的作业也很重视。

最后，提前预估一门作业的时间，可以设置一个定时器，看一看孩子是否可以在规定的时间内完成计划。定时器的设置时间不宜过长，最多也不要超过 30 分钟。

总之，写作业的意义并不只是为了巩固知识，更是为了培养能力，了解了孩子的作业完成情况，便可以知道孩子在学校做了什么，上课经历了什么等，一举多得。

148
各科的学业情况怎么样？

一张试卷并不能完全反馈出孩子的学习状态，家长想要全面了解，就要常与老师沟通，不仅要沟通主科，副科也很重要，各科的学业情况综合在一起才能了解得更全面。

孩子在各学科课程中的学习状态也不尽相同，他们往往会因喜欢某学科教师而喜欢该学科，也会因喜欢某学科而更重视这一科的课程。兴趣是最好的老师，孩子如果出现因不喜欢教师而不喜欢某学科，或因学科难度大而课上状态表现不好的现象，家长一定要马上干预，可以在老师的帮助下定一个计划，用目标激发动力，用成功激发兴趣。

通过了解，如孩子已经出现严重的偏科现象，家长应针对孩子的学科情况，或者将他们的学习时间重新分配，分配出更多的时间来学习弱项，找到突破口；或者从喜欢的学科入手，将弱科与之结合起来，让孩子克服抵触情绪，获得成功体验；此外，学习方法也很重要，偏科有一部分是因为学不得法，所以可以用孩子喜欢的方式，如思维导图、图画、诗歌等形式，提高他们的学习效率。

总之，家长一定要与学校常沟通，只有彼此了解，才能更好地掌握孩子的情况。

149
孩子写家庭作业总是拖沓怎么办？

家庭作业是对课上所学知识的巩固，也是培养孩子复习习惯的好机会，但孩子们是真的不喜欢家庭作业，周末不到最后一天不写，哪怕坐在书桌上也是小动作不断，磨磨蹭蹭，家长在一旁一看就着急，令人不由想起："不提学习母慈子孝，一提学习鸡飞狗跳！"家长与其干着急，不如试试以下方法。

第一，给孩子创造一个良好的学习环境，安静、舒适就好，在书房布置一个小书桌，或者在儿童房开创学习空间；第二，制订明确的作业计划，可以准备一个记作业的小本，用阿拉伯数字标好序号，让孩子按顺序完成；第三，建立奖惩制度，作业完成度好，质量高就及时奖励；第四，鼓励孩子自我管理，可以帮孩子准备一个计时器，同时家长要做好监督。

150
为什么孩子在家与在校性格反差这么大？

孩子在学校与家里判若两人的原因有很多，简单理解就是孩子在熟悉的环境中会更加活泼一点，而在复杂的环境中会表现得更内向。

第一，孩子的归属感过强，对家有很强的依赖，而离开家就会变得紧张，内心也会不安。家长要带着孩子多出去走走，适应新的环境，并与其多沟通，多鼓励。

第二，父母过于宠爱孩子也会造成孩子不愿意接受新环境，因为他在家里一直是"宝贝"，全家的焦点都在他身上，在学校却得不到这种关注，所以失望感会造成他们不知所措。

总之，孩子总有一天要离开父母，他们对外的状态才是真正融入社会时的状态，只有父母赶快放手，让孩子从宠溺中走出来，他们的适应能力才能被锻炼出来。

151
为什么父母觉得孩子被针对?

　　父母对孩子担忧是一种正常的亲子保护反应，如果觉得孩子被针对了，可以实地去调查一下。如果真的存在孩子被针对的情况，要及时与学校沟通，请学校采取措施；如果并没有找到事实依据，那就要考虑一下是不是自己过度保护导致的心理反应呢?

　　父母常常会担心孩子在复杂的社会环境中受到伤害，担心孩子无法应对学校生活中的各种挑战，总想给孩子营造一个安全的环境。其实，这种过度保护的背后，都是对未知和不确定性的恐惧，它极有可能影响到孩子的独立性和自主性。

　　所以，如果父母产生这样的想法，可以求助老师，请老师发一些孩子在学校的照片；也可以转移注意力，做一些自己感兴趣的事；还可以周末带孩子一起参加一些集体活动，看一看孩子在集体中的状态。总之，放手让孩子成长吧，只有经过风吹雨打之后才会不惧风雨。

152
该不该把家校矛盾告诉孩子?

家校矛盾往往是由于沟通不畅产生的,个别是由于学校、教师的违规行为给学生造成了伤害,还有一部分是由于教育观念的分歧。不太建议将家校矛盾告诉孩子,因为它只会给孩子增加压力,让孩子对学校产生抵触,不利于孩子的成长。

在家校矛盾产生时,家长第一时间就要去沟通,去解决,在孩子面前发表观点时要谨慎一些,注意自己的立场,特别是不要在孩子面前破坏学校、老师的形象,哪怕你觉得老师或学校特别不好、你很生气,只要孩子还在学校,就要维护好学校和老师在孩子心中的形象,保护好孩子对学校的归属感、信任感。

153

孩子座位靠后需要找老师沟通吗？

　　一间教室中，座位按行列排列的话总会有前有后，如果孩子偶尔坐后排，且可以看到黑板不影响学习的话，家长是没有必要找老师沟通的；但如果孩子一直坐后排，或者坐后排已经影响到孩子的学习，家长便一定要找老师沟通一下。

　　可以直接与老师电话沟通，沟通过程中一定要"先摆困难再提要求"，比如，"老师您好，孩子最近在后排坐着总是看不清黑板，可以稍微把他往前调一调吗""老师，我家孩子在后排上课总是不专心，容易走神，可以稍微把他往前提一下，纠正一下吗"……总之，摆清自己的困难，以问句的方式提要求，态度尽量委婉些。需要注意的是，摆困难时千万不要去波及别的同学，比如以"孩子同桌总打扰他"为理由要求前调，两者是不能构成因果关系的。你觉得你的理由充分是站在你家孩子的角度，但老师所站的角度是全班每一个孩子的角度。要知道，老师对于安排座位这件事压力并不小，当你直接提出调座位时，老师的情绪一定会有波动的。

　　其实，也可以让孩子直接找老师沟通，这样的沟通方式其实往往比家长自己提要求达到的效果更好，同时也可以培养孩子的自立能力。如果孩子不敢去和老师说，家长可以鼓励或者先教会孩子怎么说，孩子的心里有了"谋划"，就不会出现"胆小不敢"的情况了。

154
孩子哭闹不上学怎么办？

孩子哭闹着不去上学，一般可以分为两种情况，一是他对家庭过于依赖，二是他对学校心存"恐惧"。

第一种情况类似于孩子第一天去幼儿园的感受，他觉得在家里比在学校幸福多了。比如，孩子经过一个假期后，觉得在家里很好，可以玩游戏，可以吃零食，不用学习、不用写作业，这种日子过得太美了，他们便有可能找各种借口不去上学，小一点的孩子甚至出现哭闹的现象。这种情况提醒我们，孩子在家里时也要有一个规律的作息时间，且家长对孩子不可以太放纵，同时，更要让孩子懂得上学的重要性。

第二种情况就比较复杂了，如果问题源头出在学校，那么需要排除的事情就有很多了。首先要先排除"校园霸凌"，调查一下孩子在学校里有没有与同学发生不愉快，有没有与其他年级同学交往等；其次要排除老师的问题，虽然教师队伍审核越来越严格，但并不能排除有一些三观不正、品质恶劣的人混入其中，所以孩子如因遇到这样的老师而不敢上学时，一定要勇敢地向学校举报，不能让"恶人"影响孩子的未来。

要特别提醒的是，如果孩子哭闹不想去上学，家长不要强制要求他去上学，也不要强制把他送到学校；如果孩子为住校生，在学校打电话来说不想上学时，家长不要问原因，也不要迟疑，先把孩子接回家中，再去找解决办法。

在处理孩子哭闹不愿上学的问题时，可以从以下几个方面着手：

第一，孩子哭闹不愿上学的原因可能在于在学校遭遇了不愉快的事情或是遭受欺凌，因此，建议尽量营造一个愉快的学习环境，对孩子积极进行心理疏导，以改善孩子不愿上学的情况。

第二，应尽量避免给孩子过大压力，以防止对其心理健康发育产生影响。

第三，站在孩子的角度考虑问题，理解他们的感受，但同时要强调上学的重要性，以期改善孩子不愿上学的心态。

第四，可向学校老师反映相关情况，寻求配合，以便老师在学校给予孩子更多关怀与照顾，促进其愿意上学。

第五，平时应多加鼓励孩子，赋予他们积极性，以培养他们对上学的兴趣，进而改善不愿上学的情况。

第六，若孩子哭闹不愿上学的状况严重，应及时就诊，可以向心理医生咨询，并积极对孩子进行心理干预。如有必要，部分孩子可能需要接受药物治疗。

社会篇

第十六章

影响孩子一生的养成教育

155 如何提高孩子的学习兴趣？

一个积极、正向的氛围会让人产生愉悦的心情，孩子对一切新鲜的事物都感兴趣，其实对学习也不例外，也是新鲜的，但很多孩子对学习却没兴趣，只是敷衍、得过且过，或者当成压力和任务，这是因为孩子在学习的过程中，承受了太多的"任务型教育"，老师留作业、家长留习题，哪怕再有兴趣，也被磨没了。

1. 给孩子创造安静、舒适的学习环境，家长多鼓励，少苛责，并以身作则，让孩子感受到学习是一件有趣的事，成绩也是一件值得去追求的事。

2. 让孩子多参加一些有趣的实践性活动，不是只有坐在教室里才叫学习，户外活动同样可以学到很多东西，而且还能提高学习兴趣。

3. 给孩子选择学习主题、时间和方式的权利，让他们觉得学习是自己可以掌控的事情，通过学习也可获得满足感和成就感。

4. 不做扫兴的父母。当孩子展示他的创新作品或者新奇发现的时候，以鼓励为主，可以参与到设计之中，但不要以"玩这些没用的"之类的话去打击，孩子的兴奋点和自信心都是他们学习兴趣产生的源泉。

156
如何培养孩子独立完成作业的习惯?

独立完成作业是孩子自主力、自制力及专注力一起作用的结果。其实，作业本来就是孩子自己的事情，只是因为父母有太多的"不放心"才导致孩子也产生了错误的认知。

第一步，要明确地告诉孩子，学习如爸爸妈妈上班一样，都是属于各自的责任，作业就是工作任务，是需要自己独立且高质量完成的。与此同时，让孩子有一个计划，从几点开始写，到几点完成，并按照计划去完成。

第二步，退出孩子写作业的过程。既然作业交还给了孩子，那就不要参与进去，不要总是看他写到了哪里，也不要看是否正确等。这些事情，都可以在他的计划结束后再去检查。

第三步，让孩子独立面对内心的焦虑。如果孩子早期没有养成良好的写作业习惯，他们会常常陷入写不写作业、几点写作业等焦虑中，这种焦虑会让他们记忆深刻，也会让他们记住赶作业的痛苦，所以，此时家长不要去指导，无论是训斥还是安慰都会打破这种焦虑。

总之，家长的退出是孩子独立的开始，好习惯需要自主的动力。

157 孩子总喜欢玩手机、看电视怎么办？

手机、电视等电子产品对感官刺激大，会让孩子产生浓厚的兴趣，特别是快餐式的短视频、精彩的游戏等，就连成年人都"爱不释手"，孩子怎么能抵挡住诱惑呢？

家长要站在理解的角度去引导孩子做出改变，不是说教，也不是禁止，而是协助。比如，带孩子看一看电子产品对眼睛的危害，让他们自己设定好使用时间，规范使用习惯；把刷视频的时间改为陪伴孩子一起看正能量的影视剧、带孩子玩益智类的游戏等。

与此同时，丰富孩子的生活，把他们的兴趣点转移。比如，与孩子一起画画、写字、弹琴、唱歌；带孩子参与集体实践活动；陪孩子去大自然中感受世界的美妙；一起去选择一些感兴趣的书籍等。

当然，父母也要以身作则，整天抱着手机、守着电视，又怎么能让孩子兴趣转移呢？与孩子相处，就全心全意地去陪孩子，让孩子在温馨的家庭氛围中健康快乐地成长。

158

孩子离开电子产品就像丢了魂一样怎么办?

孩子对电子产品是毫无抵抗力的,绚烂的色彩、惊人心魄的情节等连成年人都抵御不了,对世界充满探求欲的孩子又怎么能躲得开呢? 所以,他们使用电子产品时会沉溺其中而难以自拔,一旦离开便会独自发呆、意识迟钝,看起来就像丢了魂一样。

孩子一旦出现这样的现象,家长就要"内外结合"地帮孩子"戒瘾"了。"内"指让孩子意识到自己沉迷于电子产品的行为是很可怕的,可以找一些"网瘾少年"的案例让孩子有个真实的感官体验;"外"指家长指导并帮助孩子制订计划,采取约束手段,如可以带孩子接触大自然,参加各种活动等。

孩子的自控力是很差的,而且他们的内心也很脆弱,所以家长要与孩子共同努力,不能过于强硬,要让孩子意识到自己被电子产品侵蚀的危害。同时,家长也要以身作则,放下电子产品,多陪陪孩子。

159 晨练对孩子有哪些好处？

夜晚吞噬了白天的喧闹，变得静悄悄，每一天的早晨都是新的。这么美好的早晨，带着孩子一起去跑跑步、拉拉肌肉是一件很幸福的事。

对于孩子而言，无论春夏秋冬，每天早晨从床上按时爬起来是很需要意志力的，晨练是一种习惯，每天早晨身体被唤醒会让人精神一天。而且，从孩子生长发育角度而言，晨练还有以下好处：

1. 促进大脑发育。晨练可以活动全身的肌肉，刺激肌肉神经一直传输到大脑神经系统中，这也是人晨练后会觉得自己很精神的原因。

2. 促进骨骼发育。孩子的动作协调能力是可以通过锻炼提高的，一夜的静止之后，晨练可以唤醒全身的血液循环，以加强骨骼对营养的吸收，促进骨骼发育。

晨练最明显的好处就是可以增强体质，提高身体免疫力，让人少生病。

160 阅读对孩子有哪些好处？

"书中自有黄金屋，书中自有千钟粟，书中自有颜如玉"，这是古人眼中读书的好处，对于现代人而言，读书的好处更多。

首先，读书可以帮孩子减轻学习压力，沉浸在自己喜欢的书籍中，仿佛置身于另一个世界，是一件很令人享受的事情。而且，阅读可以助力孩子三观的形成，正能量的书籍会直接影响孩子的人生观、世界观及价值观。其次，从课程角度而言，现在语文教学中实施"大语文"教学，孩子的阅读量直接关系到语文学习状态，影响语文成绩，大量的阅读可以提高孩子的阅读能力和写作能力。最后，阅读可以促进大脑神经及感官信息运动中枢神经的发育，也就是说，阅读可以使大脑变聪明，更可以使孩子开阔视野，增长见识。

总之，阅读可以使人摆脱平庸，"腹有诗书气自华"，一本引领孩子成长的书可以成为父母给孩子最好的礼物。

161 每天坚持做一件事会不会形成一种习惯？

有一种说法，一件事坚持做 21 天就会形成习惯，有人去实践后证明无论是学习、工作、运动，只要坚持一段时间后，如果到了这个时间未去做这件事，人就会产生心理焦虑，感觉自己少做了些什么。利用这一点，家长可以帮孩子形成很多好的习惯。

1. 作息。一个良好的作息习惯会让孩子时刻保持精力充沛，对自己的作息认知明确的孩子会更有自信。

2. 阅读。读书是可以伴随一生的好习惯，每天雷打不动地阅读，每天增长一点知识，坚持下来孩子会越来越优秀。

3. 运动。运动可以强健体魄，每天坚持用固定时间来运动，可以提高免疫力，促进孩子的生长发育。

4. 静思。静思也可以成为一种习惯，"吾日三省吾身"，比如对新内容的预习、对旧知识的复习、对知识的积累和运用、对一天学习的总结等，这个习惯可以让孩子对自己的状态了然于胸，及时查漏补缺，每天都会有进步。

162
孩子做事情总是粗心大意怎么办?

"细节决定成败",粗心大意是很多人的通病。究其根本,人们粗心大意的原因大概有以下几种:第一,人们对于很熟练的事情感觉很有把握,便放松了警惕;第二,对所做的事情理解不够,导致事情做不好;第三,过于急躁,急于求成等导致做事不严谨。

针对以上原因,家长要"对症下药"。首先,家长要告诉孩子,越是熟悉的事情就越要细心,百密也会有一疏,更何况谁也不会预料到事情完成过程中可能出现的意外,所以要留心。然后,需要孩子明白无论何时,都要听清"要求",在做事情前,可以先做一个计划,再按部就班地一件件完成,对于一些细节,要详细做到计划中去。最后,完成事情后的检查也很重要,检查要全面,更要仔细,自己觉得没有错的地方也许就是最容易错的地方;而且事后的反思也很重要,因为那是对过往的总结,可以提示错误,避免再错。

163
孩子书写看起来一点也不认真怎么办?

每个人的字体都带着个人色彩,也可以反映出书写时的心情、环境等。当觉察到孩子书写不认真时,家长可以从以下几个方面来调节一下。

1. 安静的书写环境。要给孩子创造一个静谧的学习环境,在孩子写作业的时候,家长就不要再刷视频、听歌了,这可以让孩子的心安定下来,他写作业自然会更专心,书写自然也不会出什么问题。

2. 灿烂的心情。孩子在心情好的时候字写得也会漂亮一些,所以当孩子写作业时,家长不要不停地唠叨,也不要一直守在孩子身边给他压力等。

3. 字帖练字。书写看起来不认真的另一种可能是他们的字体比较潦草,所以练习书写很重要。家长可以用"田字格"或"米字格"的书法本安排练习任务,以此来规范孩子的书写,字体大气、规整,让人一看就会觉得孩子写得很认真。

总之,孩子书写看起来一点也不认真或者源于他急于求成,忙着写完去玩;或者就是书写问题。家长一定要找到孩子写字潦草的原因,然后再针对纠正,这样效果会更好。

164
孩子做事情态度不积极，总应付怎么办？

人什么时候才会表现得不积极，以应付的态度去对待问题呢？那就是对这件事本身就不重视。孩子虽然很小，也是有自己的判断力的，比如，当父母插手孩子的学习太多，孩子就会认为学习是父母的事情；再如，不想做不得不做、不会做必须去做的事情，这些事在孩子看来没有一点期待感，当然就会不积极。

所以，要想让孩子做事情积极一些，第一，让他们转变认识，感觉到这是自己的事情或者是自己必须去做的事情；第二，当孩子做事情遇到困难时要及时引导，不要让孩子有挫败感，降低对事情的关注度；第三，给孩子多争取、多创造一些活动机会，参与的事情多了，做出了经验，他们也就有了自信，自信心可以让他们变得积极起来；第四，及时给予孩子鼓励和奖励。

培育孩子担当精神。在孩子年幼时期，许多家长认为孩子尚无承担责任的能力，因此事事代劳。在这种环境下成长的孩子，遇到难题时往往会将问题推给家长，自身不愿解决问题，也不愿承担责任。长此以往，孩子在面对事务时会逐渐丧失积极性，成年后处事也缺乏主见，承受压力能力较小。为了培养孩子的担当精神，家长可以从日常生活的小事入手。例如，孩子上学时，可让他们自行背书包，养成自己事情自己做的习惯，减少对家长的依赖。

鼓励孩子挑战自我。许多家长出于对孩子的关爱，过度保护孩子，不愿让孩子尝试挑战，认为他们承受压力能力不足。然而，孩子在缺乏挑战的环境中成长，容易失去突破自我的动力，导致行事兴趣缺失，积极性低。在孩子成长过程中，鼓励他们不断挑战自我，有助于增强自信心，并提高做事的乐趣。家长可引导孩子参加各类比赛，让他们在挫折中成长，锻炼出坚韧的意志力。

积极鼓励孩子。在孩子完成任务时，许多家长会因孩子犯错而严厉批评。然而，这种方式可能打击孩子做事的积极性。家长应在孩子犯错时，先给予肯定和鼓励，以建立他们的自信心，然后再提出相应的建议。

设定短期目标。家长可为孩子设定短期目标，并在孩子完成时给予积极反馈。这样，孩子会更有动力去实现下一个目标。这一过程有助于培养孩子的自信心。当他们遇到问题时，会以积极的态度应对，并且不断挑战自我，从而在快乐中成长。

在孩子表现出消极态度时，家长应及时纠正，防止孩子长期处于这种状态，以免影响他们的承受能力和发展。

社会篇

第十七章

如何建立正确的人生观

165 如何告诉孩子什么是恋爱?

　　孩子们在成长过程中，会面临很多未知的事，这些未知都是需要父母做出正确的引导的。比如恋爱，很多父母觉得孩子太小，根本不懂恋爱，但也没打算告诉孩子什么是恋爱，这样会影响孩子的恋爱观，让他们觉得恋爱是神秘的、不能公之于众的事。

　　所以，当孩子问起你什么时候恋爱时，就要大大方方地解释给孩子听：恋爱是一件很美好的事，两个人互相欣赏、喜欢，觉得两个人在一起可以互相鼓励、互相关心、互相帮助，在一起会觉得很幸福，这种感觉就是恋爱。恋爱是需要两个人共同努力的，既然恋爱了，就要有责任感，要为对方付出真心和耐心，更要互相包容。就像爸爸和妈妈一样，觉得对方很好才走到了一起，而且都为了这个家在努力。

　　总之，要告诉孩子恋爱是件很美好的事情，但也需要付出，需要责任，这样两个人在一起才会幸福。

166

如何告诉孩子什么是家庭?

对于孩子而言,他对爸爸妈妈是有认知的,但对家庭概念却不明确,所以需要父母去告诉他家庭是什么。

家庭由最亲的人组合而成,爸爸妈妈爱着自己的孩子,孩子也深深爱着爸爸妈妈,兄弟姐妹都是曾经住过一间房子的人,也是这个世界上最亲的人。

家庭是温暖的避风港,也是人疲惫时的加油站。当在外面遇到什么困难时,都可以回到家里来,父母永远是子女的后盾,子女永远是父母的底气,兄弟姐妹也永远是最强助力。

家庭留着最美好的回忆。家不只是一个生活的场所,更是一个充满爱的地方,孩子成长的点点滴滴都定格在时间的流里,家人一起分享过喜怒哀乐,家里留着大家共同的记忆。

家庭是共同创造美好的地方,家像一个大火堆,每个人都要去添柴、去扇风,这样家才会越来越好。

总之,激发孩子对家庭的归属感,让他们懂得家庭是成长的基石,是最重要的地方。

167

离异后如何跟孩子解释父母的分开？

父母离异，的确会对孩子有影响，但如果父母能够做好解释及后续工作，就可以把对孩子的伤害降到最低。如果两人离异，千万不要弄成仇人的模样，无论孩子由哪一方抚养，在孩子面前，永远不要露出半分愠色。

可以告诉孩子：爸爸妈妈分开是因为我们不适合生活在一起了，但爸爸仍是爸爸，妈妈仍是妈妈，虽然你现在只能和我们其中一人生活，但我们永远不会和你分开。

同时，无论离异时因抚养权问题闹得多厉害，也永远不要在孩子面前诋毁对方，否则会影响孩子的心理健康，孩子可能会出现内心恐慌、自卑、自我怀疑等状况，对孩子的成长和性格的形成造成不利影响。

还要告诉孩子：不要去羡慕别人的家庭，每个家庭都是不同的，没有好坏对错之分，爸爸妈妈分开后，也许会和别人的家庭变得不一样，这都是很正常的事，但无论什么样的家庭，爱是永远不变的，有爱的小朋友就永远都是幸福的。

虽然离异会对孩子有影响，但影响最大的是离异后的教养方式，正确的教养方式一样可以培养出优秀、开朗、乐观的孩子！

168
孩子想单身一辈子父母该支持吗？

现在越来越多的人选择单身，也许孩子未来有一天也会告诉你们：爸爸妈妈，我想单身！当听到这句话时，你会有怎样的反应？其实，无论孩子未来选择婚姻还是单身，都是在选择生活状态，如果孩子觉得单身是很幸福的，那为什么不支持呢？

虽然父母以"过来人"的想法认为，人是需要有人陪伴的，高兴时有人分享，难过时有人安慰，万一生病，也有人在一旁照顾。但是，孩子可能无法体会"过来人"的心思，因为在他们这个年纪，一个人吃饭、一个人上班、一个人跑步……想干什么就干什么很幸福，想要人陪就三五好友一聚，比两个人更热闹。

所以，不用去给孩子分享经验，每个人都有权利选择自己想要的生活，也许有一天，他们还会跑到你们身边说：爸爸妈妈，我要结婚啦！

169 孩子不懂得保护自己要怎样教?

孩子在成长的过程中，面临着诸如被欺凌、被勒索、被骚扰、被绑架等风险，但是，孩子却不能及时注意到这些，特别是那些从小就被保护得很好的孩子，他们对风险评判能力很低，看上去天真无邪，家长可以用下面这些方法教这些孩子如何进行自我保护。

1. 认知风险。想学会自我保护，就要知道哪些是风险。父母可以通过新闻、纪录片等对孩子进行"培训"，并帮助孩子一起分析原因，将常见的风险一一列举出来。

2. 应对风险。当风险来临时，要有勇有谋，无法脱身时要避免被伤害，为此可以先委曲求全求得自保，等找到机会再用"大声呼喊着火了""砸东西""写纸条""拉住可靠人求助"等方式第一时间逃跑。

3. 远离陌生人，不要轻信熟人。无论何时何地，都要对人有防范，遇到陌生人时不要"热心"帮助，正常的人是不会向一个小孩子求助的；也要提防那些平日不太亲近的熟人，不要轻信他们的话。

4. 培养细节习惯。家长平时要多留心孩子，从他的衣着、与人交往状态等判断孩子的生活习惯，然后再针对这些习惯进行鼓励或纠正，这样可以更快地帮助孩子形成良好的习惯，增强自我保护能力。

170 孩子痴迷奥特曼怎么办?

孩子对自己常看的动画片人物喜欢是很正常的事,但如果出现了"痴迷"家长就要重视起来了。奥特曼是一个正面形象,对孩子正义感和是非观的培养是有好处的,奥特曼打怪兽的情节让孩子心理感受极为舒适,同时,奥特曼的动画片周边做得非常多,特别是奥特曼卡更是让孩子们爱不释手。对于小朋友而言,奥特曼就是偶像,喜欢也是无可厚非的,但如果孩子过于"痴迷",那父母就要出面干预了。

父母可以限定看奥特曼的时长,让孩子自主选择时间;然后多陪孩子出去走一走、看一看、玩一玩,亲子之间是需要互动的,在外面的快乐会让孩子的情趣及注意力转移开。比如,可以带孩子去游乐场体验;可以陪孩子一起去郊外放风筝;可以在公园打一打陀螺,在家里逗一逗小狗;还可以到动物园看猴子;还可以给孩子介绍另一部更加精彩的动画片……

无论如何,都需要让孩子知道,生活不只有奥特曼,生活是多姿多彩的!

171 孩子把零花钱都用在了买明星周边怎么办?

孩子出生没多久就开始了模仿,幼儿时期模仿能力不断增强,青少年时期的模仿达到顶峰,这个进程也就说明了青少年喜欢追星的原因。现在商家越来越"聪明",利用大家喜欢追星的特点,做了很多周边产品,大家因为对偶像的喜欢,便将他们的周边视若珍宝。

其实,喜欢明星是很正常的事,无论你喜欢他的歌声,他的演技,还是喜欢他的长相……你花两块钱买了他打榜的歌曲电子版播放,或者花几百块几千块买了他的演唱会门票,那都是对他的支持;无论是几十块的手办,还是几千块的手办,也都是对他的支持。

然而,追星要根据自己的经济实力来追,如果把零用钱都用在了买明星周边上,那自己的生活该怎么办呢?这么"置之死地"地追星也就失去了追星的意义。

172 孩子总是模仿明星怎么办?

青少年是需要偶像的,尤其是正面的、积极的、能起到引导作用的偶像。现在很多孩子把明星当偶像,模仿他们的言行,追星甚至到了痴迷的地步,觉得他们的一举一动,甚至无意识的一个小动作都是美的,都去模仿,这样就需要家长重视起来了。

家长应该用引导的方法来纠正孩子的价值取向,客观地理解孩子喜欢模仿明星这一行为,不要采用压制甚至暴力压制的手段,否则压制越大回弹也就越大。比如,可以与孩子一起去了解他喜欢的明星,去挖掘这位明星身上正面的、积极的特质,像吃苦耐劳、谦虚好学等,这些都可以拿出来作为引导;再如,要否定一位明星前,先要找到充足的证据,再与孩子交流,不要操之过急,要给孩子一个"消化"的过程……

总之,偶像可以发挥出非常大的榜样作用,好的偶像可以帮助每一个孩子健康成长。

173
孩子对什么事都不积极怎么办?

本来孩子在他这个年龄,对周围的一切应该是充满好奇的,但总有那么一些孩子,整天状态看上去懒洋洋的,哪怕家长火冒三丈,他也是慢吞吞的。如果孩子一直是这个状态,说明他的性格可能就是比较"肉",此时,家长要稳住心神,耐住烦躁,接受孩子的性格,然后再去引导他的做事方式。

其实,对任何事都不积极的孩子是很少的,比如有些孩子只是不爱学习,在学习上慢吞吞,但游戏玩起来却很在行;有些孩子做事情比较慢、走路也慢,但他吃饭很快……所以,家长可以抓住孩子的"兴奋点",找到孩子对哪些事情感兴趣,对哪些事情不感兴趣,哪些事情会做得很快,哪些事情会做得慢一些……然后把它们一一罗列出来,找到其中的关联。这样就可以用"快"导"慢"了。

比如,他写作业不积极,便以玩游戏为"导线",可以说:"你在规定时间内写完作业,我就允许你玩两局游戏。"这样一对一交换的做法是最直接的引导方法,当然,用的次数不能太多,用得太多孩子就会产生"抗药反应",甚至可能出现"不玩游戏了,也不写作业"的现象。

因此,孩子的不积极只是源自不感兴趣,只要掌握了孩子的兴趣密码,孩子不积极的"锁"便可以很快被打开了。

不过,在意识到孩子是个慢性子宝宝后,家长就应该给自己、给孩子多一点耐心。

社会篇

第十八章

怎样建立正确的价值观

174
孩子看不起清洁工怎么办?

看不起清洁工，也就是看不起那些底层的劳动人民，可见在孩子三观的形成阶段，人生观、价值观出现了偏颇，需要及时被纠正。

第一，以身作则，言传身教。家长平时与孩子一起外出时，要尊重每一位服务人员，及时地说"谢谢"，并引导孩子说"谢谢"，同时，如果有所需要时，要教会孩子说"请"。父母以什么样的态度待人接物，孩子也会跟着有样学样。

第二，理解尊重。家长要让孩子明白什么是尊重，无论是谁都是平等的，别人的劳动和付出都是有意义的，都值得被尊重。

第三，选择时机。在培养孩子尊重别人的过程中，家长要随时抓住机会，给孩子灌输正确的价值观，比如，逛商场时遇到清洁人员要主动让开，不要影响他们工作，坐公交车下车时要主动跟司机叔叔说"谢谢"等。

总之，家庭教育的成功与失败直接由孩子表现出来，在一个三观正的家庭里长大的孩子，其三观也一定也是正的。

175 孩子总是羡慕有钱人怎么办?

很多人的奋斗目标就是赚更多的钱,所以心里羡慕有钱人觉得羡慕是可以被理解的。但是,孩子如果总是羡慕那些有钱人,那说明孩子的价值观出现了问题,家长要及时纠正。

我们虽然都是生活在社会上,但人与人的生活状态是不一样的,人与人的幸福感也是不一样的,不是有钱人就快乐,穷人就悲惨,接受自己的生活状态、价值观正的人才是幸福的。

家长可以将自己家的幸福感告诉孩子,比如,我们家虽然小,但是很温馨,没有车接车送,但我们可以一起散步等,帮助孩子找到现在生活的快乐源泉;还可以陪孩子一起去逛街、旅游、"大战游乐场"等,让孩子明白快乐是用金钱买不到的,而快乐的人是幸福的;同时也要教会孩子保持积极的心态,学会感恩,体会幸福;最后还要告诉孩子,金钱都是通过勤奋、努力而得来的,人要想活得精彩,就一定要付出努力!

176
孩子总想做网红主播怎么办?

孩子对外界带来的刺激是没有办法甄别的,那些光鲜亮丽的网红主播对孩子的感官刺激也是不可预估的,哪怕是成年人,不也觉得网红主播工作轻松自由来钱快吗?

孩子想做网红主播这件事本身没有什么问题,我们不能说这个行业有问题,但如果孩子是因为觉得这是一条捷径,建立了错误的价值观,那对他危害可就很大了。

1. 先保护好孩子的自信。如果孩子觉得自己可以当网红主播,那么他一定觉得自己在某方面是优秀的,是可以展示的,所以可以去尝试,以培养孩子的自信心。

2. 明确概念。树立正确的价值观,告诉孩子天上不会掉馅饼,想要吃就要自己去做。网红主播看似只是"说说唱唱"就可以挣到钱了,但是他们背后也是要付出努力的,没有积淀和勤奋是做不好任何一件事情的,所以如果想要做好网红主播,那么现在就需要一点点积淀自己,让自己变得更优秀。

3. 不要说教和打击。从现代教育的角度出发,"堵"不如"疏",我们可以鼓励他尝试去做。将明令禁止变为支持鼓励后,在实践体验中,孩子自然会明白醒悟,这样可以减弱孩子的叛逆心,提升他勇于探险的进取心。

177 孩子总是与同学攀比怎么办?

人有互相比较的心态是很正常的,也正因为有了这种心态才会有进取心,督促自己不断前进。但是比什么,怎么比便决定了这种比较是正向的竞争还是错误的攀比。如果孩子有了攀比心,他们是很痛苦的,因为嫉妒一旦生成,焦虑就会跟随诞生。

家长可以先安抚孩子的情绪,引导其树立正确的竞争心态,吃穿、消费水平是外在的,但学习成绩、能力、习惯等是内在的,外在的随时可能会被剥夺,但内在的一旦生成是伴随自己一生的。

然后,引导孩子正确运用"嫉妒",当觉得自己比不上别人时,嫉妒心只能气到自己,会让自己的能量越来越低,但若是将"嫉妒"转为动力,努力提升自己,就会发现自己已经把"嫉妒"甩在后面很远很远了。

最后,家长要以身作则,不要在孩子面前表现出自己对物质条件多么看重,培养孩子树立正确的金钱观,真正的富有来自精神,而不是物质。

178 孩子嫌弃父母的车没有别人的好怎么办？

当孩子对自己家庭的物质条件有了意识后，是需要父母正确引导的，不要总对孩子说"咱家穷，比不上人家，你要好好努力将来挣大钱"，这样的孩子也许会很努力，但也会变得自卑；也不要总对孩子说"咱家啥都有，你要啥有啥"，这样的孩子会更加看重物质条件，也会变得更骄纵自私。

所以，当孩子嫌弃父母没有给自己带来好的物质条件时，父母不要陷入自责之中，也不要马上训斥孩子攀比。首先，要引导孩子正确看待物质条件，让孩子知道爸爸妈妈很努力地在为了家庭而奋斗着，但每个人的家庭条件是不同的，是没有可比性的。然后，给孩子树立榜样，不要总把"别人家比咱家"这种比较挂在嘴上，因为孩子很多言行都是源自对家长的模仿。最后，引导孩子正确"攀比"，物质条件再优越，那是父母创造、祖辈积累下来的，也是随时可以改变的，也是眼前的，要比学习、比进步、比成就，只有自己优秀，未来才会变得光明。

179 孩子嫌父母给自己丢人怎么办?

俗话说"子不嫌母丑,狗不嫌家贫",但是现在很多孩子会嫌父母没钱,嫌父母不好看,嫌父母给自己丢人。

孩子一旦有了这样的心理产生,就会在各种环境中避免父母出现,比如,不让父母到学校接自己;与父母在一起时遇到同学,他自己躲开;从来不向同学介绍父母等。

面对孩子的这种心理,我们又该如何正确引导呢?首先,不要过分溺爱孩子,爱孩子也要有"分寸";其次,要让孩子懂得感恩,不能将父母的爱当作理所应当;最后,也是最重要的,就是要消除孩子的攀比心理,要让孩子知道,别人的东西再好,也不是你的,但是你是可以通过自己的努力去获得的。

180
孩子想要一夜成名、一夜暴富怎么办?

"一夜成名""一夜暴富"听起来就让人兴奋,孩子更是无法抵挡这种诱惑,但是,需要明白两点,一是这种"偶然事件"发生的概率是极低的,二是谁又能看到"一夜"背后需要付出多少夜的努力呢?

孩子有"成名""暴富"的想法是很正常的,那是他们对未来的追求,家长不需要打击孩子的追求,要引导孩子正确认知名利、金钱。培养孩子的财商很重要,家长可以找一些知名企业家的创业经历给孩子看,也可以找一些名人背后的励志故事讲给孩子听,让他懂得赚钱是需要智慧和技术的,更是需要知识的。而且赚钱并不是一蹴而就的事,在学习的阶段努力提高自己的能力,以后才会有专长,让孩子明确,获取名利、金钱都是需要智慧和能力的。

同时,也需要让孩子明白"一夜成名""一夜暴富"也是需要极大的承受力的,可以讲一讲"范进中举"的故事,内心空虚的人是不会成功的,成功也是需要有能力的人去承载的。

181
孩子经常给游戏充值买皮肤怎么办？

游戏的"魅力"是成人都难以抗拒的，更何况是孩子呢？孩子心智没有成熟，很容易沉迷于其中，他们渴求游戏带来的成就感，也希望在游戏的世界中展现出更优秀的自己。游戏平台也是针对这一点，才开发了各种活动以此谋利，比如充值就可以获取更高的体验感，孩子怎么能"浪费"这样的机会呢？

当发现孩子给游戏充值后，家长不要一味地着急、禁止，而是找到问题的根源，先肯定孩子的进取心，然后引导孩子从别处获取"成就感"。第一，找其他的替代活动，如体育运动、集体活动，也可以带孩子参加一些实战类的训练营，让他们渐渐远离游戏；第二，多数对游戏上瘾的孩子都是因为内心孤独、缺少关爱，所以父母应在工作之余多陪陪孩子，通过关心、沟通慢慢和孩子找到共同话题，一起去看电影、逛街，以此转移孩子的注意力；第三，增加孩子的兴趣爱好，孩子对新鲜事物是有极高的兴趣的，这也是他们沉迷游戏的原因，所以可以带孩子寻找一些其他的兴趣爱好，如读书、画画、弹琴等，远离游戏。

总之，要让孩子明白一个道理，用金钱堆积起来的成就最容易崩塌，表面的光鲜亮丽并不说明那就是成功。

182
如何培养孩子的财商？

一个人在财务上的综合素质就是财商，它包括对金钱的认知、投资能力、理财能力等。未来，财商将是一个人不可或缺的一种能力，所以除了智商、情商的培养外，还要培养孩子的财商。

第一，带孩子参与家庭购物，了解物品的价格和性价比；带孩子去银行、证券交易所等场所，形成对金钱的初步认知，也可以让孩子懂得珍惜金钱并合理使用。

第二，让孩子读一些财商类的书籍，看一些财商类的视频，听一些财商教育类的讲座等，也可以带孩子参与一些锻炼财商类的实践活动，让孩子从小对金钱、理财、投资等有一些了解，种下财商的种子。

第三，鼓励孩子在实践中培养财商，比如在银行建立孩子的个人账户，让孩子对自己的零花钱有规划；也可以帮助孩子收藏自己喜欢的手办、邮票等有投资价值的藏品，培养孩子的理财意识。

总之，了解理论知识后的实践是可以更好地培养孩子的财商，提高财务素养的。

183 如何让孩子懂得资产配置的概念?

资产配置能力是一种抵御风险的投资能力，指将自己的资金在不同类别的投资项目中进行分配，以此降低投资风险，提高投资收益的能力。

1. 给孩子零花钱，并让孩子去超市购物，去参与一些理财类的实践活动，在这一过程中看一看孩子是否可以将自己的零花钱合理地分配出去。比如，孩子去超市完全不看价格，伸手就往购物车里放，结果结账时超出了限额，那就说明孩子根本没有"配置"的概念；再如，让孩子参加"股票模拟交易"活动，孩子将自己的"钱"投入"模拟股票"中去，家长要观察孩子的资产配置想法，如果他只买价低的，而不看趋势图，或者只买趋势好的，而不看入手价等，那就说明还需要锻炼。

2. 鼓励孩子养成记账的习惯，可以准备一些手账本，让孩子自己写写画画，弄清每一笔钱的来源、去处。孩子在记账的过程中，自然而然地就会发现，有些零花钱分配得不合理，有些钱不应该花等，这说明他已经有了资产配置的概念。

3. 带孩子去参加一些投资类的活动，除了专门的模拟资产投资实践外，还可以带着孩子"实战"，利用资源配置的方式去理财，从实践中获得经验。在孩子的成长过程中，培养其财商，教授其财务管理技能，使其掌握金融知识，并学会理性投资至关重要。

家长应适时引导孩子了解金融知识，使其更深入地理解金融市场，并能妥善管理个人资金。

总之，家长在孩子成长过程中扮演着举足轻重的角色。在孩子的金钱教育方面，家长应自觉地传递正确的金钱观念，从小学阶段就开始帮助孩子养成正确管理资金和理性消费的习惯。只有通过这种方式，孩子才能具备良好的财商，更好地应对未来的金钱生活。

社会篇

第十九章

如何做好与社会的衔接

184
孩子不愿意跟熟人打招呼怎么办？

每个孩子的性格都是不同的，3～5岁是性格形成的关键时期，不同的教养模式之下，孩子便形成了不同的性格：有的孩子活泼好动，喜欢与人交往，爱与人交谈；有的孩子则安静沉默，不太爱跟人说话。对于这些安静的孩子，有时家长过于着急了，甚至训斥孩子"不懂事"，其实孩子并不是"不懂事"，也不是"不懂礼貌"，而是需要引导。

首先，带着孩子会见朋友前，可以先给孩子说明，如我们将要见谁，可以怎么称呼。其次，见到熟人后，也不要强迫孩子，如果孩子躲在自己身后，不敢叫人，可以将孩子搂到身侧，笑着为孩子缓解尴尬，千万不要当着别人的面训斥，也不要说一些类似"不懂事""没礼貌"等贬低孩子的话。最后，可以在事后与孩子沟通，了解孩子"不敢叫人"的原因，有的孩子偏内向、属于慢热型的，家长一定要了解。

孩子年龄小，外界信息对他们来说有时是难以一下子接受的，此时就需要父母的支持和鼓励，以陪着小蜗牛散步的心态等待孩子的成长。

185 孩子不敢参加社会活动怎么办?

孩子要参加的社会活动大多是一些集体活动,如社团、俱乐部等,在众多"不敢"的原因中,对家庭的依赖感、父母保护过度负最大的责任,脱离了这种"保护"的孩子会变得害羞,面对一些自己无法去做的事情时,感觉自卑、恐惧等,这样孩子就会对社会活动充满抵触,不想参与其中。

家长要鼓励孩子多与同龄人在一起,可以一起写作业、一起做游戏,周末也可以组织一些小型的同学聚会,几个家长一起带孩子去玩一玩、聚一聚,这样可以提高孩子们的社交技能和自信。

在有时间、有能力的情况下,要鼓励孩子多去参加一些机构组织的社团活动,特别是一些公益性社会实践活动、军事训练活动等,而且一定要选择通过认证的组织,这样可以很好地锻炼孩子的合作意识,培养冒险精神。

当孩子不想参与社会活动,不喜欢与人交往时,最忌讳的就是强迫孩子参加,这样不但不会起到锻炼作用,甚至会让孩子变得更胆怯。

186
如何正确引导孩子树立"防人之心"?

俗话说:"害人之心不可有,防人之心不可无。"现代的孩子被家长过度保护,没有经历过任何的"危险",便不会长出"防人"的心眼。

首先,家长要给孩子树立正确的世界观、人生观和价值观,这样孩子才能知道什么是对的,什么是错的,可以通过书籍、视频案例等明白世界上有好人也有坏人,因此安全与危险是并存的,要保持警惕心。

其次,提高孩子的观察力,让孩子多观察周围的环境和人,能够及时发现周围的异常,看事情不能只看表面,要深入分析。比如,在路边看人来人往时,家长就可以问一问孩子,这个环境下会出现哪些危险呢?再如,教会孩子如何保护好自己的财物,如何防止被网骗,如何在陌生人搭讪时机智地远离危险等。

最后,要让孩子学会自我保护,可以用模拟场景的方式,教会孩子如何呼救,被束缚时如何机智应对,面对危险时如何紧急避险等。最重要的是,110这个号码一定要让孩子牢记于心,不要轻信陌生人,无论对陌生人还是熟人,都要保持警惕。

187 如何避免孩子生出"害人之心"？

"害人之心"的产生一定是孩子在错误的道德观念之下形成的，很多孩子沟通能力差，事情来到眼前时想不到解决办法，便会以伤害别人的想法去逃避问题；还有一些孩子"有样学样"，从朋友、家长等身边人那里模仿，根本无法预料自己的行为带来的后果。

第一步，先帮助孩子树立正确的道德观念，也要从小培养法治观念，让孩子学法、懂法本质上是一种自我保护。遇到问题时，家长要先与孩子沟通，告诉他们攻击他人的行为是错误的，根本不能解决问题，哪怕伤害到别人，该自己解决的事情还是需要去解决，而且一旦对别人造成伤害，自己所要承担的后果是很严重的。

第二步，了解孩子的情感需求。"坏孩子"并不是天生的，而是在一次次情感"受挫折"中长成的，孩子有"害人之心"时，表明他们一定受到了挫折，家长要多倾听孩子的心声，理解孩子的情感需求，同时缓解他们的情绪，慢慢消除孩子的错误想法。孩子的心理健康是很重要的，很多父母只注意孩子的身体健康而忽略了心理健康。当孩子缺乏自信，丢失自尊时，孩子便会变得自卑、沮丧甚至愤怒，形成报复性人格。

第三步，注重孩子的行为规范，在孩子的成长过程中，家长要做好表率，同时也要注意孩子所处的生活环境，如身边是否有"坏"朋友，是否有错误导向等。比如，偷偷抽走前桌小朋友的椅子、说谎、打人等，在孩子最初出现这种"小打小闹"的"害人之心"时，就要及时果断地制止。

188 如何引导孩子建立人际交往分寸感？

分寸感是与人相处保持和谐的关键，一个没有分寸感的人，总会给人不舒服的感觉，更没有办法建立良好的人际关系。

第一，家长不要总是以"孩子还小"为借口而放纵他的行为。在家长眼里，孩子终归是孩子，底线可以一让再让，但孩子会因为这种放纵而无法建立必要的分寸感。比如，在公开场合对长辈无理，在商场为了玩具大哭大闹，在火车上大喊大叫影响别人休息等，这些行为都是需要家长去禁止的，要让他们认识到错误，并主动认错，这便是教育中的原则。

第二，情绪应该在不影响他人的原则上释放，而不是随时随地地宣泄。比如有些孩子在集体活动中很任性，一旦不符合他的心意便哭闹，这是因为他们一直以自己为"中心"，无法面对眼前的"不合心意"。家长要随时与孩子沟通，引导他们用正确积极的方式来宣泄情绪，并且能主动控制自己的情绪。

第三，治好与人交往的"公主病"。言行举止是与人交往的重要途径，因此言行的分寸感很重要，与人交往要注意"嘴下留德"，嘴巴可以"甜"一些，不可以"出口伤人"，家长平时与孩子谈话时要注意观察他们的说话方式，那样直来直去地说话并不是性格直爽；那些高高在上的表现也不能说明自己多高贵……

培养孩子的分寸感是一个渐进的过程，不可以太过激进，要落到点滴。

189
为什么不建议孩子带同学回家玩？

同学、朋友一起写作业、一起玩耍是很快乐的，但并不建议将同学、朋友带回自己家去玩。家应该是一个隐私的地方，而孩子没有形成边界的概念，他哪怕到了同学家，只要感兴趣的话也可能会乱翻乱动、不讲卫生等，此时阻止会引得他不高兴，但如果不阻止，却可能会带来不可预测且无法弥补的损失。

同时，安全隐患也是一个大问题。第一，自己的孩子对家里的布局是熟悉的，但同学却不知道，一旦发生磕碰等事件，可能就会造成两个家庭的矛盾；第二，孩子们一起玩，并不像成年人一样情绪稳定，他们前一秒玩得快快乐乐，后一秒可能就能吵起来，甚至打起来，一旦受伤就是个麻烦事。自己的孩子受伤马上去就诊还好说，如果别人家的孩子受伤了，对方家长就有可能会追究责任，弄得两家都不开心。

所以，如果想要孩子们在一起玩，那就不如约在一个公共场所，如公园、游乐场、动植物园等，这些公共场所不但开阔，更有利于运动，大家可以在一起开阔视野，共同经历，留下美好的回忆。

190
为什么不建议孩子去同学家玩?

邀请同学到自己家来玩会引发一系列的问题,孩子去别人家玩也是一样,可以一起玩的地方有很多,哪怕相约一起去楼下的广场、小区的空旷地玩,也胜过闯进别人的隐私地里去。

第一,有可能会引发安全问题,同学的家庭环境、家居设置以及小区安全等都有可能给孩子带来危险,我们不了解同学的家长是什么样的性格、脾气,也不知道背景,这都是安全隐患;哪怕两家人关系很好,同学的家长也没有足够的精力和时间来照顾这么多孩子。

第二,去同学家一起玩,可能会影响到孩子的学习和习惯的养成,大一点的孩子也有可能接触到一些不良行为,如抽烟、喝酒、游戏、赌博等,心智并未完全成熟的孩子们在没有家长的监护下聚在一起,是无法预测他们能干出来什么事的。

除此之外,在闲暇时光中,家长要与孩子一起多多亲近,这样可以形成良好的亲子关系,特别是到了青春期,多沟通交流是很有必要的。如果总是放手让孩子去同学家,亲子关系也会疏远,一旦遇到问题家长会手足无措的。不要错过孩子的每一刻成长,闲暇的周末,与孩子一起度过是很幸福的事!

191
如何引导"社恐"的孩子走出"恐惧圈"？

"社恐"源于内心对人际关系的恐惧，对于孩子而言，没有真正的"社恐"，他们只是对未知的、不可掌握的一切没有底气，缺乏自信；一旦他们有了足够的自信，便会大胆地面对。特别是内向的孩子，强化内心承受力就是去"社恐"最好的法宝！

家长要多鼓励孩子，多带孩子到人多的地方，参与一些社会活动。当孩子面对新环境显得局促不安时，家长可以带着他站在角落中，给孩子介绍一下这个环境，以及处于这个环境中的人，并不断地鼓励孩子，此时如果看到孩子的脸色渐渐缓和，就可以带他们进入新环境，让他们自己去体验。

平时，多读一些人际交往的书，日常生活中教会孩子一些有效的社交技巧，比如，在电梯中遇到相识的邻居时，鼓励孩子主动打招呼问好；与人聊天的时候，不能一直低着头，也不能盯着对方的脸不放，而是要跟随别人的情绪变化而做出眼神交流……

家长的鼓励与支持是帮助孩子克服社交恐惧的良药，除此之外，家长一定要注意不要给孩子的社交带来压力，比如见到熟人要求孩子称呼、强迫孩子去参与社交活动等，不要以为重压之下会有勇夫，每个孩子的性格不同，有些孩子会因这些强迫而变得更加自卑，非但不能消除恐惧，反而会更受打击。